성적은 짧고
직업은 직업에 관한 고찰 01
길다

성적은 짧고
직업은 직업에 관한 고찰 01
길다

탁석산 지음

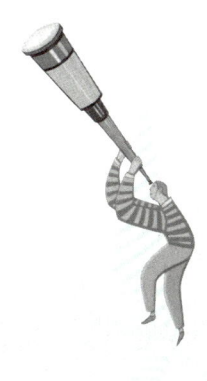

창비

에베레스트 산은
세르파가 먼저 오른다

에베레스트 산을 처음으로 오른 사람은 누구였을까요? 보통은 뉴질랜드 출신으로 영국 등반대에 참여했던 힐러리라고 알려져 있지요. 물론 힐러리도 에베레스트 산에 올랐겠지만, 그에 앞서 셰르파(등반대를 위해 길을 안내하고 짐을 지고 나르는 사람)가 먼저 오르지 않았을까요? 왜냐하면 보통 셰르파가 개척한 길을 등반대가 따라 올라가기 때문이지요. 셰르파 없이 에베레스트 산에 오르는 사람이 있을까 싶을 정도로 셰르파의 역할은 매우 큽니다. 그런데도 왜 힐러리는 널리 알려지고 더 중요한 역할을 했던 셰르파는 사람들이 잘 모를까요? 여러 가지 이유가 있겠지만 누가 돈을 냈느냐의 문제가 큰 것 같습니다. 즉, 힐러리가 돈을 주고 셰르파를 고용했으므로 그 등반대는 힐러리의 등반대가 되었습니다.

하지만 힐러리와 그 셰르파 가운데 누가 더 에베레스트 산을 잘 알까요? 당연히 셰르파일 것입니다. 셰르파는 쉽게 말해서 동네 사람입니다. 그러니 밥 먹듯이 산을 오르락내리락했을 것입니다. 그러지 않았다면 위험한 길을 안내하는 사람으로 뽑히지도 않았을 테지요.

저는 그 세르파야말로 진정한 직업인이라고 생각합니다. 그는 힐러리가 다녀간 뒤에도 먹고살기 위해 다른 등반대를 위해 계속 산을 오르락내리락했을 겁니다. 이처럼 거의 변화가 없는 일을 묵묵히, 성실히 하면서 벌어먹고 사는 것이 직업입니다. 한탕주의는 직업이라고 하기 어렵습니다. 이런 의미에서 보면 힐러리보다는 세르파가 직업인이라고 할 수 있지요.

이 책은 세르파에 관한 책이라고 할 수 있습니다. 즉, 평범한 사람들의 직업 이야기인 셈이지요. 평범하다고 해서 남이 알아주지 않는 것은 아닙니다. 아주 가끔은 알아주는 사람도 있습니다. 일본의 영화감독이자 코미디언으로 유명한 기타노 다케시는 그의 책 『위험한 일본학』(기타노 다케시 지음, 김영희 옮김, 씨네21북스)에서 앞의 세르파에 대해 이렇게 이야기합니다.

"등산에선 에베레스트에 최초로 오른 것으로 알려진 힐러리 경을 뽑을 수 있겠지만, 힐러리가 처음은 아니었을 것이다. 나는 네팔인 세르파족 텐징 노르가이가 힐러리보다 먼저 올랐을 거라고 생각한다."

이처럼 알아주는 사람도 있는 것이 세상의 이치입니다.

1981년 초겨울, 저는 다시 대입 시험을 쳤습니다. 졸업한 고등학교를 찾아갔더니 서무과 직원이 제가 군대 간 사이에 내신이라는 것이 새로 생겼다고 알려주면서 성적표를 건넸습니다. 3학년 내신이 꼴찌라면서 안됐다는 위로를 표했습니다. 그날, 바람이 제법 찼던 것으로 기억합니다. 그때 교문 앞에서 저는 제가 예측하고 마음먹었던 대로 인생이 흘러갈 것 같지 않다는 생각을 했습니다. 그 예측만은 맞았습니다.

그때 제 주위에는 직업에 대해 조언해 주는 사람도, 책이나 정보도 거의 없었습니다. 그 후로도 마찬가지였습니다. 인생에서 가장 중요하다고 할 수 있는 직업을, 거의 백지상태로 맨땅에 헤딩하는 기분으로 그때그때 택했다고 할 수 있지요. 이 책은 그해 초겨울의

찬바람을 기억하면서 썼습니다. 그때 알았으면 더 좋았겠다 싶은 것들을 정리해 보았습니다. 이 책을 읽는 학생들이 저와 같이 불필요한 고민이나 고생을 하지 않고도 자기에게 맞는 직업을 발견하고 갖기를 바라는 마음으로 썼습니다.

대다수의 사람들은 직업에 대해 다음과 같은 고민을 하지 않을까요?

'무슨 일을 할까? 빨리 벌어서 먹고살아야 할 텐데.'

물론 돈이 아주 많아서 취미로 일을 하는 사람도 있겠지요. 하지만 그런 극소수를 빼고는 일을 하지 않고 살아갈 수 없습니다. 일을 해야 한다는 것은 누구나 알고 있지만, 무엇을 해야 좋을지는 누구나 알고 있지 않습니다. 오히려 아는 사람이 드뭅니다. 왜냐하면 적성이라는 것이 쉽게 발견되지도 않을 뿐 아니라, 사람마다 발견되는 계기도 각양각색이기 때문이죠. 학교나 집에서 적성을 발견하기는 쉽지 않습니다. 그것은 눈앞의 학과 공부에만 몰두하느라 다양한 기회를 접하지 못하기 때문입니다. 게다가 주위에 있는 사람들도 직업 선택에 별 도움이 안 됩니다. 부모나 교사 모두 사회 경험에 한계가 있으니까요. 그렇다고 해서 전문가가 조언해 주는 것도 아닙니다.

그래서 많은 학생들이 시험 성적에 맞추거나, 텔레비전에서 멋있게 나오는 직업을 택하곤 합니다. 그렇게 하면 대학 진학 후부터 어려워집니다. 텔레비전 속의 과학자는 지구의 운명을 짊어진 멋진 존재였으나, 실제 공부는 무미건조하고 인내심을 요구하므로 절망에 빠지는 식입니다. 나중에 적성과 맞지 않는다는 것을 알게 되는 경우는 너무나 많습니다. 저도 마찬가지였습니다. 처음에는 공대에 갔으나 영어로 옮기고, 철학으로 학업을 마쳤습니다. 지금은 글을 써서 먹고살고 있습니다.

어려움이 이뿐이 아닙니다. 예전에는 한 번 직업을 택하면 평생 그 직장에서 일하다 은퇴하고 노후를 맞이했습니다만, 지금은 그런 경우가 드물어지고 있습니다. 취직하기도 어렵지만 취직을 해도 비정규직이 많고, 정규직이라 해도 예전처럼 평생 직장은 아닙니다. 게다가 은퇴를 했다 해도 문제가 끝나지 않습니다. 평균 수명 연장으로 다시 직장을 얻지 않으면 안 되는 시대이기 때문입니다. 그리고 옛날처럼 유망한 직업이라는 것이 존재하지 않습니다. 지금은 모든 것이 빨리 변하는 시대이기에 도대체 어떤 직업이 유망한지 알 수 없게 되어 버렸으니까요. 참으로 직업 선택과 유지가 어려운 시대입니다.

직업이 인생에서 차지하는 비중은 생각보다 큽니다. 인생에서 가장 중요한 것은 가족이라고 합니다. 그리고 친구도 꼭 있어야 한다고 합니다. 물론 그렇겠지요. 하지만 직업 없이 놀거나 직업이 마음에 들지 않아 겉돌면 가족과 친구 모두를 잃을 수도 있습니다. 역시 직업이 있어 일을 해야 사람 구실을 하는 것이지요. 직업을 통해 돈도 벌고 성취감과 보람도 얻기 때문입니다. 성취감과 보람은 인생을 사는 의미와도 직접 연결되므로 직업은 인생의 토대가 된다고 할 수 있겠지요. 가장의 실직이 미치는 영향은 많은 사람들이 이미 알고 있을 것입니다. 따라서 진지한 자세로 직업에 임해야 합니다. 세상은 생각보다 험난하며 치열한 경쟁의 사회입니다.

그렇다고 해서 방법이 없는 것은 아닙니다. 직업에서 성공을 거두고 싶다면 마음가짐과 태도를 바꾸고 자신에게 맞는 일을 하면 됩니다. 자신이 원하는 것과 자신이 할 수 있는 것 사이에는 많은 간격이 있다는 것을 인정하고, 자신이 할 수 있는 것에 초점을 맞추는 것이 중요합니다. 마음이야 100미터를 9.58초에 뛰고 싶지만 현실에서는 17초라면 어떻게 하는 게 좋겠습니까? 17초로 뛰는 자신을 인정하고 다른 방법을 찾는 것이 좋을 것입니다. 직업도 마찬가지입니다. 자신이 할 수 있는 것을 하는 것이 좋습니다.

그런데 일을 하다 보면 주변 환경이 받쳐 주지 않는 경우가 많이 있습니다. 이겨 내야겠지요. 하지만 운이 좋은 사람을 보면 샘이 나서 참기 어렵습니다. 부모가 부자인 사람도 있고 이상하게 잘 풀리는 사람도 있게 마련이지요. 이럴 때는 운도 그 사람의 실력의 일부라고 인정하는 마음이 있어야 합니다. 그래야 마음 편하게 일을 더 잘할 수 있으니까요.

성공의 비결은 무슨 일을 하느냐가 아니라 어떤 일이든 어떻게 하느냐에 있습니다. "무엇을 먹어야 건강에 좋을까를 고민하지 말고 어떻게 먹을까를 고민하라."는 말을 들은 적이 있습니다. 비싸고

귀한 유기농 음식을 먹는 것보다는 매일 규칙적으로 밥을 먹는 것이 중요하다는 뜻입니다. 먹는 시간을 일정하게 정해 놓고 지키는 것이 훨씬 더 건강에 좋다는 것이지요. 직업도 마찬가지입니다. 변호사, 의사가 된다고 해서 직업에서 성공한 것은 아닙니다. 불친절한 변호사나 의사보다는 친절한 택시 기사가 낫다는 것이지요. 물론 친절한 변호사와 친절한 택시 기사는 성공이라는 면에서 아무런 차이도 없습니다. 어떤 의미에서든 주변으로부터 존경을 받아야 성공한 것입니다. 그런데 존경은 의사라고 해서 무조건 받는 것이 아니라 친절하고 유능한 의사이기 때문에 받는 것입니다. 마찬가지로 친절하고 유능한 구멍가게 아저씨도 당연히 존경받습니다. 그렇다면 누구나 직업에서 성공할 길이 열려 있는 셈이지요.

일을 한다는 것은 어른이 되는 것을 의미합니다. 어른이 된다는 것은 책임이 따르기에 부담스럽습니다. 하지만 때가 되면 익숙한 둥지를 떠나야 합니다. 그런데 무작정 둥지를 떠날 수는 없지 않겠습니까? 준비를 해야겠지요. 2권에서는 무엇을 준비해야 둥지를 떠나 자립해 살 수 있는지를 말해 보고자 합니다. 무엇을 더 중요하게 여기는가에 따라 택하는 직업이 달라질 것이라는 점을 짚고, 그에 따라 무엇을 준비해야 하는지 구체적으로 알아보고자 합니다. 지식과 체력 그리고 매력이 있어야 하며, 무엇보다 검소한 생활을 하려는 마음의 태도를 갖춰야 한다는 것을 말할 것입니다. 그리고 결국은 생각의 힘이 직업을 지탱하는 원천이라는 데 이르게 될 것입니다.

둥지를 떠나 멀리 날아오르는 데 이 책이 도움이 되면 좋겠습니다.

—탁석산

3부: 어떻게 하면 직업에서 성공할 수 있을까

"고3입니다. 학과를 정해야 하는데 어떻게 해야 할지 모르겠어요. 꼭 가고 싶은 학과도 없고, 절실히 원하는 꿈도 없어요. 제 적성에 맞는 일이 무언지도 도무지 알 수가 없고요. 학과는 곧 직업과도 연결이 될 텐데, 이렇게 마음을 못 정해서 어쩌나 걱정이 많아요. 저한테 맞는 직업을 찾을 길이 없을까요?"

1. 하고 싶은 일이 없다

꿈꾸지 못하는 청소년들

"앞으로 무슨 직업을 갖고 싶습니까?"라는 질문에 자신 있게 답할 수 있는 청소년이 과연 얼마나 될까요? 제가 만나 본 청소년들은 대부분 "별 생각 없어요." "잘 모르겠어요."라고 답을 하더군요. 설마 진짜 별 생각이 없을까 싶어서 좀 더 집요하게 물어보면 "성적 나오는 것 봐서 정하려고요." "나중에 생각해 볼 거예요."라는 답이 돌아왔습니다. 이것이다, 하고 자신이 원하는 직업을 딱 떠올리는 청소년이 드물었습니다.

그런데 영화배우들의 인터뷰를 보면 재미있는 점을 발견할 수 있습니다. 어떻게 해서 배우가 되었냐는 물음에 이렇게 답하는 것을 꽤 자주 볼 수 있어요.

"어린 시절에 ○○○○라는 영화를 보고 홀딱 반했어요. 그 뒤로 영화배우가 되기로 마음먹고 피나는 노력을 했지요."

직업 선택은 왜 어려울까

물론 모든 영화배우가 이런 말을 하는 것은 아니지요. 이렇게 답하는 배우도 꽤 많습니다.

"오디션 보러 가는 친구를 우연히 따라갔다가, 간 김에 저도 원서를 냈어요. 그런데 그 친구는 떨어지고 저는 합격했어요."

우연이라고 이야기하지만 사실 완전한 우연은 아닐 것입니다. 관심이 없었다면 친구를 따라가지도 않았을 테니까요. 처음부터 배우가 되고 싶다는 마음이 있었으니 원서를 내지 않았을까요? 연예인들을 보면 어렸을 때부터 노래면 노래, 춤이면 춤, 연기면 연기 등 무엇을 하고 싶은지가 뚜렷했던 경우가 많아 보입니다. 즉, 최소한 자신이 하고픈 일이 무엇인지는 알고 있었다는 것입니다.

저도 어렸을 때는 무엇을 하고 싶은지 잘 몰랐습니다. 돌이켜보면 장래의 직업에 대해 생각할 틈도 없었던 것 같습니다. 학교에서도 집에서도 저에게 바라는 것은 오로지 입시 공부에 몰두하는 것이었습니다. 공부를 잘하면 일류 대학에 갈 수 있고, 일류 대학을 나오면 인생이 잘 풀릴 것이라는 막연한 믿음만이 있었습니다. 학급에서 혹은 학교에서 몇 등을 하고, 일류 대학에 갈 수 있느냐 없느냐가 가장 큰 관심사였습니다. 성적 이외의 것은 관심을 끌지 못했고, 장래의 구체적 모습에는 신경을 쓰지 않았지요.

이런 사정은 예나 지금이나 마찬가지 같습니다. 평준화가 되었다고는 하지만 특목고에, 외고에, 국제학교까지 등장해 경쟁에 뛰어들어야 하는 나이가 점점 낮아지고 있습니다. 지금의 학생들 역시 성적에 치여 자신이 진정 무엇을 하고 싶은지, 어떤 직업을 갖고 싶은지 생각할 짬이 없는 것입니다.

일찍부터 꿈꾸는 것도 복이다

저는 지금 글을 써서 생계를 유지하고 있습니다. 이른바 문필가가 직업인 셈이지요. 하지만 학창 시절에는 제가 글 쓰는 사람이 되리라고는 전혀 생각지도 못했습니다. 솔직히 저는 그냥 놀고 싶었어요. 쭉 놀고만 싶었으니 장래 직업에 대해서도 별로 생각해 본 적이 없었습니다. 스스로 무엇을 원하는지도 몰랐지요. 다만 아주 막연하게 동경하는 모습은 있었습니다.

고등학교 시절에 저는 헤밍웨이 소설에 푹 빠져 있었습니다. 헤밍웨이는 쿠바에 주로 머물면서 에스파냐를 비롯한 여러 나라를 여행하며 소설을 썼습니다. 외국을 여행하고, 그곳에 오래 머물면서 소설을 쓰고, 소설이 잘 팔려서 유명해지고 여유 있게 사는 모습이 퍽 부러웠습니다. 그렇디고 해시 소설가가 되고 싶다거나, 소설이 아니더라도 글을 쓰고 싶다는 생각은 전혀 들지 않았습니다. 저는 그냥 놀고 싶었을 뿐이고, 계속 놀기만 하는 것보다는 외국 여행도 하고 글도 쓰며 지내면 참 멋있겠다는 생각을 막연히 했던 것뿐입니다.

저와 같은 경우가 대세이긴 했지만, 간혹 어려서부터 자신이 무엇을 하고 싶은지 분명히 알았던 친구도 있습니다. 제 친구 가운데 하나는 군수가 되고 싶어 했습니다. 당시는 군수가 지금처럼 선거를 통해 당선되는 게 아니라 임명직이었습니다. 그래서 이 친구는 무지하게 열심히 행정고시를 준비했지요. 하지만 결국 실패했습니다. 성적이 좋아 명문대를 나오고, 노력도 많이 했지만 이상하게도 고시와는 인연이 없었던 모양입니다. 비록 농부들과 막걸리를 나눠 마시며 열심히 일하는 군수가 되고 싶다는 꿈은 실현하지 못했지만, 자신이 무엇을 원하는지 분명히 알고 있었기에 그 친구는 제 머릿속에 인상 깊게 남아 있습니다.

한 친구는 피부과 의사가 되어 인천에서 병원을 개업했습니다. 이 친구는 고등학교 때부터 개업의가 목표라고 말해 왔지요. 의사가 되어 개업을 하고, 진료를 마치고 퇴근해서는 좋아하는 음악을 들으면서 조용히 사는 것이 꿈이라고 했습니다. 이 친구는 정말로 의사가 되었고, 응급환자가 없는 피부과를 택해서 꿈꾸어 왔던 대로 여유롭게 살고 있습니다. 학창 시절에는 좀 별난 친구라고 여겼으나, 세월이 지나고 보니 참 축복받은 일이라는 생각이 들더군요. 어렸을 때 이미 자신이 하고픈 일을 찾아냈고, 결국 그것을 이루었으니 그 이상의 성공은 없지 않을까요?

내가 진짜로 원하는 직업은 무엇인가

하지만 보통의 경우는 자신이 무엇을 원하는지조차 모르고 살아갑니다. 그럴 때는 세상이 권하는 대로 따라 하는 것이 가장 편한 방법입니다. 그래서 대개의 사람들이 괜찮다고 하는 것에 자신도 모르게 귀를 기울이지요. 그런데 청소년들은 이러한 따라 하기조차 대학 입시 원서를 쓰기 전까지 미루어야 합니다. 일단은 성적을 올리는 것이 지상 과제이기 때문이지요.

"어느 대학 어느 학과에 갈 것인가는 일단 성적이 나온 다음에 생각하면 돼. 성적이 좋을수록 선택의 폭이 넓으니까 성적을 올리는 것이 최우선이야."

즉, 직업에 대한 고민은 뒤로 미루어도 된다는 논리가 성립하는 것입니다. 하지만 이런 식으로 직업을 선택했다가는 나중에 후회할 확률이 아주 높습니다. 물론 일류 대학에 들어가면 남들에게 자랑하기도 좋고, 스스로 성취감도 느낄 수 있습니다. 하지만 기껏 졸업해서 얻은 직업이 자신과 맞지 않거나 자신이 원하지 않는 것이라면 오랜 기간 동인 인생이 고통에 빠질 수밖에 없습니다.

많은 사람들이 '좋은 직업'이라고 일컫는 것들이 있습니다. 어른들은 흔히 이렇게 이야기합니다.

"요즘같이 불안정한 시대에는 공무원이 제일이야."

"그래도 판검사를 해야 무시받지 않고 산다."

"역시 돈이 최고야. 돈 버는 데는 사업만 한 게 없지."

그런데 청소년들이 부모 몰래 생각하는 하고픈 직업은 따로 있습니다. 요새 청소년 사이에서는 연예인이나 스포츠 선수가 대세인 것 같습니다. 하지만 청소년들이 이런 바람을 품고 있다는 것을 부모가 정확히 알기는 어렵습니다. 왜냐하면 부모 앞에서는 부모가 듣고 싶어 하는 말만 하니까요. 부모도 그럴듯한 직업, 즉 세간의 평이 좋은 직업만 입에 담습니다. 가수나 탤런트가 되라고 부추기는 부모는 매우 드뭅니다. 청소년들도 노래 부르기와 연기를 좋아하기는 하지만, 그것을 직업으로 삼고자 진지하게 고민하는 경우는 얼마 되지 않습니다. 그냥 막연히 되면 좋겠다고 생각하는 것일 뿐이지요. 연예인이 얼마나 어려운 직업인지, 얼마나 많은 대가를 치러야 하는지 청소년들도 웬만큼 알고 있거든요. "되면 좋겠지만 나는 안 되겠지." 하는 마음으로 지내는 것이지요.

세상 사람들이 일컫는 '좋은 직업'과, 연예인이나 스포츠 스타로 상징되는 '막연한 동경'은 청소년들에게 어떤 영향을 끼칠까요? 이 두 가지는 진정으로 자신이 원하는 것이 무엇인지를 찾는 데 걸림돌이 될 뿐입니다. 자신이 원하는 일이 무엇인지를 알려면 우선 이 두 가지에서 벗어나야 합니다. 세상 사람들 말에 신경 쓰지 말고, 화려해 보이는 연예인에 관심을 덜 가져야 합니다. 그래야 비로소 자신이 원하는 것이 무엇인지 생각할 기회를 얻을 수 있습니다.

저는 학창 시절에 세상 사람들 말에 신경을 쓰지 않았습니다. 고시 합격이 최고라는 둥, 의사가 돈을 잘 번다는 둥, 대기업에 취업하면 걱정이 없다는 둥 '좋은 직업'에 대한 이런저런 말들을 수없이 들었지만 별로 귀담아 듣지 않았습니다. 하지만 연예인에 대한 관심은 남들 못지않았습니다. 영화를 무척 좋아해서, 초등학생 때부터 일요일이면 아침부터 극장 앞으로 달려가 극장 문이 열리기를 기다릴 정도였습니다. 자연스럽게 영화배우에 대한 동경도 품었지요. 많은 사람들에게 꿈을 주므로 영화배우가 매우 멋져 보였던 것 같습니다. 하지만 제 외모가 어떤지 잘 알고 있었으니, 어디까지나 동경에 지나지 않았지요.

돌이켜 보면 저 역시 제가 무엇을 원하는지 잘 몰랐습니다. 그저 계속 놀면 좋겠다는 바람만 품었을 뿐 현실적인 장래 계획을 세우지 못했지요. 그렇지만 적어도 세상 사람들의 말에 신경 쓰지 않은 덕분에 지금 자신에게 맞는 일을 찾아서 하고 있는지도 모르겠습니다.

자, 이제 자신이 무엇을 원하는지 알아야겠다는 결심이 생겼나요? 그러나 실제로 그것이 무엇인지 알아내기는 무척 어렵습니다. 왜 그럴까요? 그것은 알 수 있는 방법이 마땅치 않기 때문입니다.

직업 선택은 왜 어려울까

2. 적성을 파악하기 어렵다

성적이 적성을 말하지는 않는다

자신이 무엇을 하고 싶은지 잘 모를 때 흔히 쓰는 방법이 있습니다. 무슨 과목을 잘하는지 살펴보는 것이지요. 잘하는 과목과 연관된 분야라면 소질이 있겠거니 가정하고 일단 그쪽을 공략해 본다는 전략입니다. 수학을 잘하면 공대나 의대에 가라 하고, 영어를 잘하면 외교관이 되라 하고, 국어를 잘하면 작가가 되라 합니다. 어차피 뭘 원하는지 모른다면 소질 있는 분야에 뛰어드는 것이 성공할 확률을 높이는 합리적 방법으로 보이기도 합니다.

하지만 이런 식으로는 곤란합니다. 어떤 과목의 성적이 좋다고 해서 그 분야에 적성이 있다고 생각하는 것은 성급한 판단입니다. 수학을 잘하면 공대에 잘 맞는 사람일까요? 물론 공대에서 공부하려면 수학이 필수입니다. 그러나 이과 계통의 학자나 연구자가 되려면 사물에 대한 탐구심, 그것을 밝혀내기까지의 인내심, 논리적 분석력이 무엇보다 중요합니다. 사실 수학은 도구에 지나지 않습니다.

수학 성적이 매우 뛰어나더라도 수학과가 반드시 옳은 선택은 아닙니다. 수학자가 되려면 수학 수식을 다루는 솜씨보다 상상력이 더 중요하기 때문입니다. 젊은 나이에 미국 유학을 마치고 돌아와 명문대 수학과 교수가 된 이가 있습니다. 그런데 이 교수는 고등학교 때 줄곧 문과였습니다. 수학 성적이 뛰어난 적도 없었고, 자신이 수학자가 되리라고는 한번도 생각한 적이 없었답니다. 그런데 대학 진학 과정에서 이과로 가게 되었고, 어쩌다 보니 지금 수학과 교수가 되었습니다. 고등학교 수학 성적과 수학자 사이에 큰 연관이 없다는 것을 보여 주는 사례입니다.

영어 성적과 외교관은 어떤 관계가 있을까요? 영어가 외교관에게는 필수겠지만, 영어가 뛰어나다고 해서 외교관이 적성에 맞다고는 할 수 없습니다. 외교관은 폭넓은 교양과 함께 매너를 갖추어야 하고, 애국심도 높아야 합니다. 영어는 오히려 부차적 문제입니다.

적성 검사의 허와 실

성적이 아니라 적성 검사를 통해 적성을 알아보는 경우도 있습니다.

저도 고등학교 1학년 때 적성 검사를 받은 적이 있습니다. 학교

직업 선택은 왜 어려울까

에서 몇 시간에 걸쳐 했는데, 지금도 그 결과를 또렷이 기억합니다. 문과 적성은 90점대였는 데 반해 이과 적성은 70점대로 나왔습니다. 담임선생님이 검사 결과를 알려 주시며 조금 걱정스러운 목소리로 "이과로 가면 안 될 것 같다."고 말씀하셨습니다. 결과표를 자세히 보니까 편집자·작가 쪽으로는 100점이 넘었고, 공대 쪽으로는 70점이 채 안 되었습니다. 그때는 그저 그런가 보다, 하고 넘어갔습니다. 당시에는 스스로 글과 관계되는 쪽으로 적성이 있다고 생각해 본 적이 전혀 없었기 때문입니다. 글쓰기에 관심 있는 친구들은 백일장에도 나가고 교지에 글을 싣기도 했는데, 저는 한 번도 그래 본 적이 없었거든요. 따라서 당시에는 적성 검사가 꼭 들어맞지는 않겠거니 생각하고 개의치 않았습니다. 하지만 세월이 많이 흐른 지금에 와서는 그때의 적성 검사가 꽤 정확하지 않았나 하는 생각이 듭니다. 지금의 저는 아닌 게 아니라 글 쓰는 일을 직업으로 삼고 있으니까요.

적성 검사를 하는 까닭은 무엇일까요? 자신이 원하는 일이 무엇인지 모르는 경우에도 하고, 알고 있다면 확인하고 싶어서 하기도 합니다.

우선 자신이 무엇을 원하는지 알지 못하기 때문에 적성 검사를 하는 경우를 볼까요? 이는 적성을 알아본 다음 그것에 맞춰 직업을 정하려는 경우입니다. 적성 검사를 했더니 의사가 맞는다고 나오면 의사 공부를 할 테고, 은행원이라고 나오면 은행원이 되기 위한 공부를 할 테지요. 하지만 이 경우에도 짚고 넘어가야 하는 문제가 있습니다. 적성 검사가 정확하다고 해도 그 결과를 따르려는 마음이 자신에게 있느냐 하는 것입니다.

예를 들어 간호사나 간병인이 적성에 맞는다는 결과가 나왔는데 별로 내키지 않는다고 해 봅시다. 이런 경우에는 보통 '의학 쪽'이 적성인가 보다, 일단 의대에 가야겠다, 하고 정리하게 마련입니다. 의사와 간호사는 분명 다른 직종이고, 하는 일도 매우 다릅니다. 하지만 사회적으로 의사가 우대를 받으므로 간호사나 간병인이라는 결과를 은근슬쩍 무시하고 '의학 쪽'이라고 뭉뚱그려 옮아가는 것입니다.

그런가 하면 적성 검사 결과가 모호하게 나오는 경우도 있습니다. 문과 적성이 76점, 이과 적성이 72점 나왔다면 과연 어느 쪽이 적성일까요? 이렇게 차이가 미미하다면 검사를 하나 마나 한 셈이 되지요.

이와 같이 적성 검사로 진로에 대한 모든 고민이 풀리지는 않습니다. 그 결과가 적성을 뚜렷하게 제시한다 하더라도 스스로 마음에 들지 않으면 그것으로 끝입니다. 또 적성 간의 차이가 크지 않으면 별 의미가 없습니다.

그렇다면 적성 간 차이가 분명하게 나서 우세한 쪽을 택했다면

적성에 맞는 직업을 고른 것이니 아무런 문제가 없을까요? 그게 꼭 그렇지도 않습니다. 적성에는 맞지만 머리로는 만족하지 못하는 경우가 생길 수 있기 때문입니다.

제 친구 가운데 하나는 고등학교 때 치른 적성 검사에서 이과가 우세한 것으로 나왔습니다. 자신은 미술이 좋았지만 부모님의 강한 권유를 이기지 못해 결국 공대에 진학했고, 지금은 교수로 있습니다. 적성 검사의 결과를 충실히 따랐고, 적성과 직업을 일치시키는 데 성공을 했지요. 하지만 그 친구 자신은 만족하지 못했습니다. 그 친구는 미술을 하고 싶었던 마음을 잊지 못해서 얼마 전부터 붓글씨와 동양화 공부를 시작했습니다.

이와는 다른 경우를 살펴볼까요? 방송국 피디가 되고픈 사람이 있다고 해 봅시다. 자신이 원하는 직업이 분명하고, 적성 검사에서도 방송국 피디가 적성에 맞다고 나왔다면 확신을 가지고 준비할 것입니다. 이런 경우 문제가 되는 것은 실제로 방송국 피디가 될 수 있는가에 있습니다. 실제로 된다면 원하는 직업과 적성에 맞는 직업이 일치하는 것이므로 무척 이상적인 결과겠지요. 하지만 안타깝게도 현실에서는 이렇게 이상적인 경우가 일어나는 확률이 매우 낮습니다.

원하는 직업, 적성, 실제로 하게 되는 일, 이 세 가지의 불일치가 직업 선택을 어렵게 하는 근본적 이유입니다.

3. 소망, 적성, 실현 사이 괴리가 있다

원하는가, 적성에 맞는가, 실제로 하는가

직업이 자신이 원하는 것인지, 적성에 맞는지, 실제로 하는지를
정리해 보면 다음과 같습니다.

	A	B	C	D	E	F	G	H
원하는 직업인가?	○	○	○	○	×	×	×	×
적성에 맞는가?	○	○	×	×	○	○	×	×
실제로 하는가?	○	×	○	×	○	×	○	×

각각의 경우를 예를 들어서 설명해 보겠습니다. 주위 사람들은
위의 표에서 어디에 속하는지, 지금 나의 상태는 어디쯤인지 생각
하며 아래를 읽어 보세요.

A ○ ○ ○ (소망 ○ 적성 ○ 실현 ○)

"여행을 좋아해요. 여행하면서 돈도 벌 수 있는 길을 찾다 보니

세계 이곳저곳을 돌아다니면서 경험한 일을 글로 쓰는 일을 하게 되었지요. 여행가는 제 적성에 딱 맞고, 좋아하는 일을 하며 돈도 벌고 있어요."

원하는 일이고, 적성에 맞으며, 실제로 하고 있는 삼박자가 딱 들어맞는 경우입니다. 직업에 있어서는 매우 행복한 사람이지요.

B ○ ○ ✕ (소망 ○ 적성 ○ 실현 ✕)

"어려서부터 노래를 잘 부른다는 칭찬을 많이 들었습니다. 노래 하는 것이 좋아 가수가 되고 싶었지만, 먹고사는 문제 때문에 다른 직업을 택할 수밖에 없었지요."

영국의 폴 포츠라는 사람은 가수가 되고 싶었으나 음악 교육을 받지도 못했고, 휴대폰 외판원으로 일하며 살았습니다. 그러다가 텔레비전 프로그램에 나갔다가 뛰어난 노래 실력을 인정받아 세계적으로 유명해졌습니다. 유명 가수가 되기 전까지의 폴 포츠가 B의 전형적인 사례입니다.

C ○ ✕ ○ (소망 ○ 적성 ✕ 실현 ○)

"어렸을 때부터 의사가 되는 것이 꿈이었고 열심히 노력해 의사가 되었습니다. 어느 정도 성공을 거두기도 했지만, 나중에야 의사가 제 적성에는 맞지 않는다는 것을 알게 되었습니다."

대개 이런 경우 직업을 버리지는 않고 적성에 맞는 취미 생활에 열중합니다. 일하지 않는 시간에 사진이나 색소폰 같은 것에 몰두하는 경우가 종종 있습니다.

D ○ ×× (소망○ 적성× 실현×)

"어려서부터 영화배우가 되고 싶었어요. 하지만 어느 정도 나이가 들자 배우에는 소질이 없다는 것을 알게 되었죠. 물론 지금은 배우가 아니에요."

흔한 사례로, 그저 원하는 일이 있었을 뿐입니다. 많은 사람들이 적합한 성격이나 자질이 없어 부자가 되지 못하지만, 그러면서도 부자가 되기를 원합니다. 구체적인 직업이 아니라 단지 부자를 바라는 것이지요.

E ×○○ (소망× 적성○ 실현○)

"지금은 은행원으로 일하고 있지만 은행원이 되고 싶었던 적은 없어요. 어렸을 때는 첨단 기술 개발자가 되고 싶었지요."

꿈은 따로 있었지만 어찌어찌하다가 은행원이 된 경우입니다. 일을 하다 보니 은행원이 적성에 맞는다는 것을 알게 되었습니다. 의외로 이런 경우가 많습니다.

F × ○ × (소망× 적성○ 실현×)

"법관이 되고 싶었으나 취미로 시작한 야구에서 적성을 발견했습니다. 하지만 부상을 입어 선수의 꿈은 좌절되고 말았지요. 지금은 자동차 외판을 하고 있습니다."

원했던 것과는 다른 일이 적성에 맞는다는 것을 발견했지만, 사정이 여의치 않아 실제로는 다른 일을 하는 경우입니다.

G × × ○ (소망× 적성× 실현○)

"식당을 운영하고 있습니다. 하지만 식당을 하고 싶다고 생각한 적도 없고 적성에도 맞지 않아요. 그런데 어쩌다 보니 이렇게 되었네요."

원하지도 않고, 적성에도 맞지 않는 일을 하는 경우입니다.

H × × × (소망× 적성× 실현×)

"내가 무엇을 원하는지, 어떤 것이 적성에 맞는지도 모르겠어요."

아무 일도 하지 않고 살아가는, 소위 백수입니다. 적성이 무엇인지 모르거나 관심이 없고, 원하는 일이 무엇인지에 대해서도 잘 모르거나 관심이 없습니다. 최근 이런 사람들의 수가 점점 증가하고 있습니다.

성적은 짧고 직업은 길다
·

직업을 선택하는 데 가장 중요한 문제는 원하는 일이 있느냐 없느냐 하는 것입니다. 원하는 일이 있다면 그 다음은 그것을 실현할 적성과 능력이 있느냐입니다. 그런 뒤에 실현될 환경과 운이 있느냐가 문제가 되지요. 하지만 현실적으로는 원하는 일과 적성 사이, 적성과 실제 달성 사이에 수많은 불일치가 존재합니다. 다시 말해서, 원한다고 모두 적성이 있는 것도 아니고, 적성이 있다고 해서 모두 그 일을 실제로 하게 되는 것도 아닙니다. 이러한 불일치를 구체적으로 보여 준 것이 위의 분류입니다.

그럼 다시 앞에서 말한 "무엇을 원하는지 알 방법이 별로 없다."는 문제로 돌아가 봅시다. 무엇을 원하는지는 적성 검사를 해 봐도 여간해서는 알기 어렵습니다. 그렇다면 자신의 적성을 파악하는 일은 왜 이렇게 어려울까요?

4. 경험의 기회가 적다

직접 경험해 볼 기회가 적다

무슨 일이든 직접 해 봐야 압니다. 아무리 기계에 관심이 많다 해도 실제로 기계를 다루어 보기 전까지는 자기가 기계 분야에 적성이 있는지 없는지 알 수가 없지요.

저는 어렸을 때 단거리 달리기를 잘했습니다. 50미터 달리기를 하면 웬만해선 지지 않았습니다. 스스로도 달리기에 소질이 있다고 여겼지요. 하지만 중학교에 가서 1,000미터 달리기를 처음 해 보고는 그 생각이 무너졌습니다. 너무 힘들었거든요. 그제야 '나는 단거리 달리기에만 소질이 있구나.' 하고 깨달았습니다.

이처럼 나에게 무슨 소질이 있는지는 해 보지 않으면 모릅니다. 중학교에 가서 소질에 대하여 알게 된 일이 또 하나 있는데, 그것은 제가 음치라는 사실이었습니다. 초등학교 때는 주로 필기로 음악 시험을 치러서 노래 부르기로 평가받을 기회가 별로 없었습니다.

그런데 중학교 음악 선생님은 노래를 불러 보게 한 뒤에 상·중·하로 무리를 나누었습니다. 그때 저는 하에 속하게 되었고, 제가 음치인 줄을 처음 알게 되었습니다. 역시 해 봐야 알 수 있다니까요.

그런데 그것도 '제대로' 해 봐야 '제대로' 알 수 있습니다. 요새는 많은 학생들이 어렸을 때 피아노 학원에 다닙니다. 그런데 그 가운데는 엄마의 강권에 마지못해 다니는 경우가 꽤 많습니다. 다니라고 하니까 억지로 다니는 겁니다. 이처럼 마음이 내키지 않는 상태에서 무엇을 할 때는 재능이 있는지 판단하기가 어렵습니다. 건성으로 하기 때문에 소질이 있는지 알아보기가 쉽지 않은 것이지요. 피아노뿐 아니라 다른 것도 마음을 기울여 하지 않는다면 소질을 발견하기 어려운 것은 마찬가지입니다. 하지만 일단 해 봐야 알수 있다는 사실만큼은 변함이 없지요.

변호사를 꿈꾸는 고등학생이 있습니다. 그런데 변호사가 적성에 맞는지 맞지 않는지 어떻게 알 수 있을까요? 아마도 변호사 일을 체험해 보는 것이 가장 좋은 방법일 테지요. 실제로 해 봐야 알 수 있으니까요. 하지만 현실적으로 변호사를 해 보고 나서 직업을 선택할 수는 없는 노릇입니다. 중·고등학교 시절에 체험할 수 있는 일의 범위는 너무나 제한적입니다.

그런데 대학에서는 체험해 보고 선택할 수 있는 기회가 좀 더 열려 있습니다. 저도 처음에는 공대에 입학했으나 얼마 안 가 저와는

맞지 않는다는 것을 깨닫고 학교를 그만두었습니다. 그러고는 영어학과로 갔다가 역시 부족함을 느껴 철학으로 방향을 바꾸었습니다. 제가 바로 해 본 뒤에 방향을 수정한 경우에 해당하겠지요. 물론 사회에 나가서도 이런 일은 흔합니다. 처음에는 판사가 되고 싶어서 해 보았으나 맞지 않는다는 것을 깨닫고 회사로 옮기는 경우도 있고, 영업 사원으로 사회생활을 시작했으나 뭔가 허전하여 자신의 적성을 찾아 교수가 된 사람도 있습니다.

간접 경험에는 한계가 있다

문제는 중·고등학교 때입니다. 이때는 시행착오를 겪을 기회가 없기 때문이지요. 매일 학교와 학원을 오가야 하고, 실제로 직업을 얻을 수도 없습니다. 이처럼 직접 체험은 힘들어도 간접 경험에 의존해 볼 수는 있습니다. 다른 사람에게서 이야기를 듣거나 책을 읽거나 하는 것 등이 있겠지요.

그럼, 간접 경험은 어느 정도 도움이 될까요? 현직 변호사가 변호사에게 필요한 자질에 대해 들려주는 이야기를 한번 들어 봅시다.

"의뢰인과 일에 대한 사명감, 복잡한 일과 싸워 이겨 내기 위한 성실함, 그리고 말과 글로 먹고사는 일이다 보니 조리 있고 정확하게 말을 하고 글을 쓰는 능력이 변호사로 일하는 데 필요한 자질입니다."

그렇다면 변호사를 지망하는 청소년들에게 "사명감, 성실함, 글쓰기와 말하기 능력을 키워야 한다."고 충고를 할 수 있겠군요.

그렇지만 이런 충고가 변호사가 되고 싶은 청소년에게 얼마나 도움이 될까요? 저는 좀 부정적인 생각을 가지고 있습니다. 충고가 부실하거나 부정확해서가 아닙니다. 이런 충고는 어느 정도 변호사 경험이 있는 사람에게나 와 닿는 내용이기 때문입니다. "뛰어난 축구 선수가 되려면 체력, 협동심, 첫 번째 터치에 대한 센스, 야성 등이 꼭 필요하다." 하고 아무리 열심히 이야기해도 직접 축구를 해 본 사람이 아니라면 사실 마음에 와 닿지 않습니다. 해당 분야에 관심이 있고 어느 정도 경험이 있어야 "맞아, 그렇지!" 하며 귀에 담을 수 있습니다.

이런 사정은 다른 직업의 경우에도 마찬가지입니다. 카페를 경영하는 사람의 말을 들어 볼까요?

"카페는 커피만 잘 만들면 되는 곳이 아닙니다. 고객에게 편안함과 즐거움을 함께 줄 수 있는 곳이어야 합니다. 그러기 위해서는 사람을 잘 이해하고 즐거운 마음으로 서비스를 할 줄 아는 열린 마음이 필요합니다. 사람들과 쉽게 친해지고 잘 챙겨 주는 재주를 가졌다면 제일이라 할 수 있습니다."

이런 충고는 앞으로 카페를 열고 싶은 사람에게 많은 도움을 줄 것입니다. 어떤 덕목이 카페 경영에 필요한지 구체적으로 말하고

있기 때문입니다. 하지만 청소년들이 이 조언에 담긴 의미를 온전히 이해하기 바라는 것은 무리로 보입니다. 즉, 간접 경험으로 알 수 있는 정보와 청소년들이 원하는 정보 사이에는 괴리가 있습니다. 받아들이는 입장에서 얼마나 흡수하는지도 문제이고요.

스스로 방향을 잡아 보자

직접 경험을 할 수도 없고 간접 경험도 한계가 있다면, 경험에 의존해 적성을 찾아내는 일이 쉬워 보이지 않군요. 그렇다면 청소년들은 어떻게 직업을 선택해야 할까요? 원하는 직업이나 일을 알고 있는지 묻는 것에서 시작해 어느 방향으로 갈 수 있는지 정리해 보겠습니다.

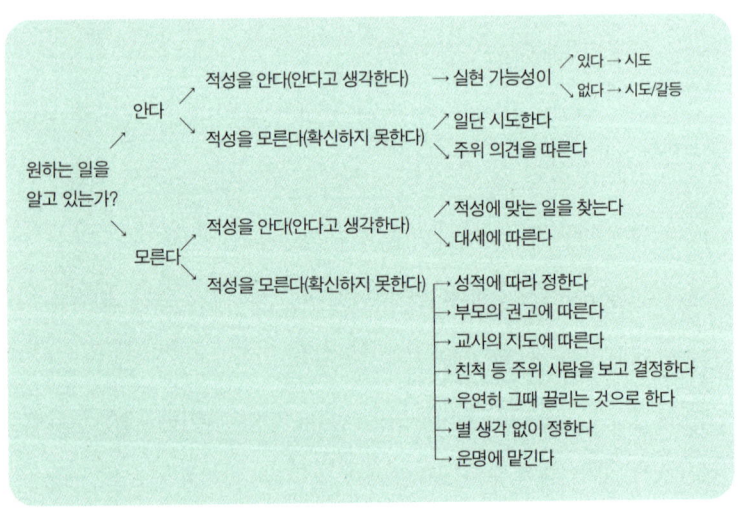

자신이 지금 어느 과정에 있는지 파악했나요?

그런데 직업 선택이 어려운 까닭이 원하는 일과 적성 사이의 괴리, 적성과 실현 가능성과의 괴리라는 구조적인 문제에만 있는 것이 아닙니다. 이 밖에도 직업 선택을 어렵게 하는 원인은 몇 가지 더 있습니다. 정보 부족, 왜곡된 정보에 대한 잘못된 믿음, 미래에 대한 예측이 어렵다는 점, 수명이 점차 늘어남에 따라 직업을 몇 차례 바꿔야 한다는 것이 직업 선택을 더 어렵게 합니다. 하나씩 짚어가며 직업 선택의 문제점을 점검해 보겠습니다.

5. 직업 정보가 부족하다

직업 전망이 어렵다

요즘은 영화가 보고 싶으면 인터넷으로 예매를 하는 것이 보통입니다. 예매를 하기 전에 그 영화에 대해 충분히 검색할 수도 있지요. 줄거리가 어떻고, 배우와 감독은 누구이며, 다른 나라에서 흥행 성적이 어땠는지, 전문가 평점은 얼마인지 등등 갖가지 정보를 미리 접할 수 있습니다. 그러다 보니 종종 영화가 재미없다는 것을 예상하고 볼 때도 있습니다. 그런데 이런 경우에는 실망이 크지 않습니다. 그럴 줄 미리 알았기 때문이지요.

현대 사회에는 정보가 너무 많아 넘치는 것이 오히려 걱정이라고들 말합니다. 아닌 게 아니라 인터넷만 연결되어 있으면 수많은 정보를 손쉽게 구할 수 있습니다. 하지만 직업에 관해서는 꼭 그렇지도 않아 보입니다. 유망 직업이 무엇인지 검색해 보면 영화만큼 쓸 만한 정보를 얻기가 쉽지 않습니다. 한 신문에 '어린이에게 권하는 10대 유망 직업'이 소개된 적이 있습니다. 어떤 직업들이 무슨 이유로 선정되었는지 함께 살펴볼까요?

직업	유망한 이유
심리 상담가	직장 내 경쟁 심해지면서 직장인들의 스트레스 심화
재즈 아티스트	FTA로 재즈 음악에 대한 관심도 증가
이동 통신 엔지니어	한국 기술력이 국제적 우위를 보이는 분야
화장품 연구원	이웃나라인 중국의 화장품 수요 폭증
펀드 매니저	FTA로 국내외 투자 활동 활성화
로봇 과학자	로봇 수요 급증
크루즈 선장	유람선 국내외 운항 증가
비만 치료사	비만 아동 급증
드라마 작가	드라마 수출 시장 확대
환경 전문 공무원	국가별 환경 규제 강화

자료: 김준성(연세대 직업평론가), 「조선일보」, 2007년 5월 5일

이 자료에서는 화장품 연구원이라는 직업이 유망한 이유를 "중국의 1인당 국민 소득이 1만 달러를 넘어서면 화장품 수요가 폭증할 것이다. 이는 국내 화장품 회사에 큰 기회가 될 것이다."라고 설명합니다. 그러나 저는 과연 그럴까, 하는 생각에 고개를 갸우뚱하게 됩니다. 중국 경제가 실제로 그만큼 성장하고, 그래서 화장품 수요가 폭발한다 하더라도 한국의 화장품 회사가 그 기회를 잡을 것이라는 보장은 그 어디에도 없기 때문입니다. 그 시기가 되면 중국

의 화장품 회사도 당연히 성장할 테고, 프랑스나 일본과 같이 화장품 산업이 앞서 있는 다른 나라들도 가만히 있지는 않을 테니까요.

이와 같은 예측이 실현되기까지는 그 과정에 너무 많은 변수가 자리 잡고 있습니다. 그래서 이러한 예측과 설명은 직업을 결정하는 데 바탕 자료로 삼기는 어렵다고 생각합니다. 직업에 대한 많은 예측들이 앞의 예와 별반 다르지 않습니다.

그래서인지 사람들은 전문가의 예측보다는 주위 사람들로부터 더 많은 영향을 받는 듯합니다. 그런데 여기에도 문제는 있습니다. 주위 사람이 매우 한정되어 있기 때문이지요. 교사, 부모, 친척을 비롯한 아는 사람. 이 정도가 직업과 관련해 영향을 끼치는 사람들입니다.

교사가 주는 정보는 폭이 좁다

이 가운데 교사는 의외로 많은 영향을 줍니다. 제가 중·고등학교를 다닐 때도 학생들의 진로를 정하는 데 교사가 큰 힘을 발휘했습니다. 특히 입학 원서를 쓸 때는 막강한 파워를 과시했지요. 왜 학생이 원하는 대학, 가고픈 학과를 써 주지 않고 교사의 기준에 맞춰 대학과 학과를 결정했는지 모를 일입니다.

지금은 그때와 많이 달라졌지만 그래도 여전히 교사는 학생들의 직업 선택에 큰 영향력을 행사합니다. 교사의 영향력은 크게 두 가지 형태로 드러나는데, 하나는 교사가 적성과 상관없이 성적에 맞추어 진학 지도를 하는 것입니다. 그리고 다른 하나는 학생의 교사에 대한 호불호에 따라 직업이 결정된다는 것입니다. 좋아하는 교사가 있다면 그 과목을 열심히 하게 되고, 열심히 하니까 잘하게 되어서 그 분야에서 직업을 찾는 경우입니다. 이와 반대로 교사가 싫다는 이유로 그 과목까지 싫어하게 되고, 그 과목과 연관된 직업을 기피하는 일도 흔합니다.

교사의 칭찬 한마디도 인생에 큰 영향을 끼칩니다. 제가 중학생 때의 일입니다. 어느 날 교무실에 갔는데 작문 선생님이 저를 부르셨습니다. 작문 시간에 일기를 써서 내는 숙제가 있었는데, 그걸 보시고 저에게 글재주가 있다고 말씀하셨습니다. 글을 잘 쓴다는 칭찬은 난생 처음 들어 보는 것이어서 두고두고 기억에 남았습니다. 물론 그 일 때문에 글 쓰는 직업을 갖게 된 것은 아니지만, 교사의 칭찬은 학생의 인생을 바꿀 수 있을 만큼 큰 힘을 발휘하기도 합니다.

이처럼 교사는 매우 가까이에서 큰 영향을 끼치는 존재임에 틀림없으나, 직업 선택과 관련해서는 좋은 조언자라고 보기 힘듭니다. 왜냐하면 교사라는 직업이 사회적으로 고립된 직종에 속하기 때문이지요. 다시 말해서, 교사는 다양한 사회 경험을 하기에는 적합하지 않은 직업입니다. 매일 보는 대상이 학생이고 학부모이며,

같은 환경에 놓여 있는 동료 교사입니다. 물론 많은 제자들을 통해 간접 경험을 할 수도 있고, 사회인의 한 사람으로서 사회를 파악하기도 하지만, 다른 직업과 비교했을 때 사회에 노출된 직업이라고 할 수는 없습니다. 경험이 한정될 수밖에 없으므로 특히 직업에 관해 학생들에게 유용한 정보를 제공하기는 어렵다고 보아야 할 것입니다. "이러저러한 직업을 경험해 보니 역시 직업을 선택할 때는 이런 것이 중요하더라." 하는 식의 경험에서 우러난 충고를 하기 힘들겠지요.

부모가 주는 정보는 편협하다

그럼 부모는 어떨까요? 부모는 자식에 대해 잘 알 수 있는 위치에 있습니다. 누구보다 자식과 함께하는 시간이 많고, 애정도 많기 때문에 자식에 대해 잘 알고 있다고 생각할 수 있습니다. 하지만 역설적으로 자식은 부모가 가장 모른다는 말도 있지요.

자녀가 학교에서 문제를 일으키면 종종 부모가 호출을 당해 가는 일이 있습니다. 그때 많은 부모들의 첫마디가 "우리 애가 그럴 리가 없습니다."라고 합니다. 자식이 친구를 왕따시키는 주범인데도 부모만 "그럴 리 없다, 우리 애는 착하고 온순한 애다."라고 믿는 경우는 흔하디 흔합니다.

직업을 둘러싸고도 마찬가지 상황이 벌어집니다. 노래와 춤에

푹 빠져 유행가를 따라 부르고 춤 연습도 열심히 하지만 부모 앞에
서는 "장래 희망이 교사예요."라고 말하는 식입니다. 부모가 원하
는 것이 무엇인지 알고 있기에 부모 앞에서는 부모가 듣고 싶어 하
는 말을 하는 겁니다. 그래야 사는 게 편하거든요. 또 한편으로는
가수나 백댄서가 되는 일에 아직 자신이나 확신이 없기 때문이기도
합니다.

　이보다 큰 문제는 부모가 자식에게 어렸을 때부터 은연중이든
공개적으로든 특정 직업을 주입한다는 것입니다. 그러면서 입을
모아 "다 너를 위해서다."라고 말하지요. 하지만 속내를 살펴보면
자신이 못다 이룬 꿈을 투영하는 경우가 많습니다. 골프 선수가 되
고 싶었으나 좌절한 아버지가 있습니다. 그는 딸의 의사는 상관하
지 않고 딸을 프로 골프 선수로 키우기 위해 강훈련을 시킵니다. 또
돈 없고 백 없어 가난하고 억울하게 살아왔다고 믿는 한 아버지는
자식을 판검사로 키우기 위해 모든 어려움을 감내하고 뒷바라지를
합니다. 부모끼리의 경쟁에서는 졌지만 자식끼리의 경쟁에서는 지
고 싶지 않은 것입니다. 이런 경우 자식은 마땅히 대처할 방법이 없
습니다. "너를 위해서"라는 말 앞에서는 마다하기가 쉽지 않은 법
이니까요. 이런 부모는 직업을 선택하는 데 바람직한 길잡이 역할
을 하는 것이 아니라 편향된 정보를 일방적으로 흘려서 막대한 해
를 입히는 셈입니다.

그래도 사회 경험 면에서 보자면 부모가 교사보다는 조금 낫다고 할 수 있습니다. 부모가 사회 속에서 다양한 사람들을 상대하며 일하고 있다는 전제하에서 말입니다. 남의 돈 벌어먹기가 어디 쉬운 줄 아십니까. 아니꼽고 치사한 것도 다 받아넘겨야 합니다. 예를 들어 식당을 하는 경우는 어떨까요? 식당에 오는 손님들은 아주 다양합니다. 실컷 먹고 돈을 안 내는 사람이 있는가 하면, 술에 취해서 행패를 부리는 사람도 있지요. 식당을 운영하는 부모라면 여러 종류의 사람들을 겪는 가운데 사회를 알아 갈 것입니다. 그러고는 어떤 직업이 더 좋을까 나름의 기준을 세워 가고, 자식에게는 더 나은 직업을 권하게 마련이겠지요. 이는 매우 자연스러운 일입니다.

　그런데 우리 사회의 부모들은 보통 자기 직업을 자식에게 물려주는 데에 그리 호의적이지 않습니다. 부모는 자신이 겪어 보았으니 그 직업에 대해서만큼은 누구보다 잘 안다고 자부합니다. 그런데 문제는 자기 직업의 부정적인 면을 긍정적인 면보다 더 크게 생각하는 데 있습니다. 사실 어떤 직업이든 좋은 점과 나쁜 점이 공존하게 마련입니다. 그런데도 자신의 직업에서는 나쁜 점이 크게 보이고, 다른 사람의 직업에서는 좋은 점이 크게 보이지요. 따라서 자식에게는 자신의 직업 대신 법관이나 의사, 금융 전문가 따위를 권합니다. 경험으로 볼 때 그런 직업들은 누구나 좋다고 말하기 때문입니다.

그렇다면 누구나 좋은 직업이라고 말하는 의사 본인은 실제로 자식에게 직업을 대물림하는 것에 대해 어떻게 생각할까요? 한 의사는 자식이 어떤 직업을 가졌으면 좋겠느냐는 질문에 "본인이 하고 싶고, 잘하는 일을 직업으로 가졌으면 좋다. 개인적으로는 예술가(음악가, 미술가)가 되었으면 좋겠다."라고 답했습니다. 주변의 의사들을 보면 같은 생각을 품고 있는 사람들을 어렵지 않게 볼 수 있습니다. 의사들이 자식에게 의사를 별로 권하지 않는 까닭은 우선은 공부하는 과정이 힘들고 길기 때문입니다. 그리고 개업만 하면 돈을 잘 번다는 것도 점점 옛말이 되어 가고 있기 때문이기도 합니다. 밖에서 볼 때는 의사라는 직업이 좋아 보이지만 스스로 느끼기에는 힘든 점들이 무척 많은 것이지요.

이처럼 부모는 자신의 직업에 관해서는 잘 알지만, 너무 잘 알기에 오히려 자식에게 권하기 어렵습니다. 그래서 부모가 자식에게 직업에 관해 조언하는 데는 한계가 따릅니다.

주위 사람들이 주는 정보는 피상적이다

교사나 부모를 제외하고 직업 선택에 큰 영향을 미치는 사람은 친척이나 가까이 지내며 알게 된 사람들입니다. 이런 이야기가 있습니다. "어떻게 해서 바다에서 고기를 잡게 되었습니까?" 하고 묻자 "우연히 아는 사람을 만나 바다에 갔는데, 옆에서 돕다 보니 재미도 있고 별로 다른 일 할 것도 없어 하게 되었습니다. 하다 보니 평생 하게 되었네요."라고 답했다지요. 이와 같은 상황은 고기 잡는 일에만 국한되는 일이 아닙니다. 남대문 시장에서 장사를 하는 사람들에게 어떻게 해서 지금의 일을 하게 되었냐고 물으면 앞의 고기잡이와 거의 같은 패턴의 답이 돌아옵니다. 그런가 하면 "어렸을 때 외삼촌이 무역 회사에 다녔는데 외국 출장을 다니는 모습이 멋있어 보였다."는 이유로 커서 무역 회사에 다니는 경우도 있습니다.

이처럼 유년기나 청소년기에 주위 사람이 일하는 모습을 보고 영향을 받거나, 그 사람을 동경하다가 그것을 직업으로 택하는 일이 자주 있습니다. 이 경우는 부모나 교사의 조언에 수동적으로 따르기보다는 자신이 능동적으로 정한 것이기에 실제로 그 직업을 가질 확률도 높습니다.

하지만 이런 경우에도 문제는 있습니다. 단지 겉모습에 이끌려 택했는데, 실은 이것이 착각에서 비롯한 것일 수 있거든요. 무역 회사 다니는 외삼촌이 멋있어 보일 수는 있지만, 무역 회사의 회사원이 겪어야 하는 애환 같은 것은 알기 어렵습니다. 외삼촌이 어린 조카를 붙잡고 회사원의 고달픔을 말하기는 어려울 테니까요. 그저 웃으며 좋은 이야기를 해 주는 것이 외삼촌의 도리라면 도리겠지요. 주위 사람들을 보고 직업을 선택할 경우에는 피상적 관찰에 머물 가능성이 커서 정확하고 충분한 정보를 얻기가 힘듭니다.

앞에서 살펴본 것과 같이 교사나 부모, 주위 사람에게서 얻을 수 있는 직업 정보는 한정되어 있습니다. 교사는 사회를 너무 모르고, 부모는 자식을 바라보는 시각이 편협하고, 주위 사람들을 통해 얻는 정보는 피상적입니다. 대상이 교사, 부모, 주위 사람에 그치는 것도 수가 너무 적고, 각자가 제공해 줄 수 있는 정보의 양도 부족합니다.

그런데 정보 부족 외에 또 다른 문제가 있습니다. 부족한 정보마저 왜곡되어 있는 수가 많은 것입니다. 왜곡된 정보를 주입하는 대표적인 것이 바로 텔레비전입니다.

6. 정보가 왜곡되어 있다

드라마 속 직업은 허구다

텔레비전 드라마에 등장하는 직업인의 모습을 살펴볼까요? 회사원은 출근해서 일은 뒷전이고 사내 연애 이야기에 온통 관심이 쏠려 있습니다. 회의를 하더라도 주인공이 간단하게 결론을 말하면 가볍게 끝납니다. 드라마 속 의사는 언제나 위급 상황을 맞이하지만, 간단명료하게 처리해 냅니다. 변호사는 또 어떻습니까? 돈 생각은 하지 않고 불의에 맞서 가난한 사람을 돕기 위해 동분서주합니다. 판사나 검사가 등장하면 거의 언제나 중대한 사건을 맡아 인생의 모든 것을 걸고 씨름하지요. 텔레비전에서, 특히 드라마에서 직업은 멋지고 극적인 모습으로 그려집니다. 아무리 어려운 일이 닥치더라도 결국엔 말끔히 해결됩니다.

많은 사람들은 드라마를 보며 거기에 등장하는 직업에 대해 이미지를 쌓아 갑니다. 사람들은 드라마가 허구라는 것을 알면서도 드라마 속 직업인 역시 허구라는 것은 좀처럼 깨닫지 못합니다. 실제로는 의사들 가운데 많은 이들이 형편이 어려워 병원 문을 닫고 있습니다. 병원을 개업하느라 여기저기 큰 빚을 졌으나, 운영이 뜻대로 되지 않아 폐업하는 경우가 의외로 많습니다. 그런데도 드라마 속 의사는 언제나 좋은 차를 타고 큰 집에 살며, 돈에는 신경 쓰지 않을 정도로 부유한 모습입니다. 이런 드라마를 보는 시청자들은 의사에 대한 왜곡된 이미지를 갖게 되는 것이고요.

판사나 검사, 변호사의 경우도 마찬가지입니다. 드라마 속 법관들이 맡는 사건들은 모두 중요한 것뿐입니다. 역사적 판결은 아닐지라도 사회적으로 무척이나 중요한 사건을 앞에 놓고 고뇌합니다. 변호사가 주인공으로 등장하면 이런 식입니다. 의뢰인은 결백하지만 사회적 모순과 강자의 횡포 때문에 고통을 받고 있습니다. 이런 약자를 돕기 위해 변호사는 성자처럼 헌신적으로 일하지요.

하지만 실상은 전혀 다릅니다. 판사들은 퇴근하여 집에 와서도 판결문을 준비하고 쓰느라 개인 시간을 거의 갖지 못합니다. 그리고 맡는 사건도 이혼, 재산 상속 등의 일상적인 민사 사건이거나, 대부분 형량이 정해져 있는 틀에 박힌 형사 사건이기 일쑤입니다. 사회적으로 의미가 큰 사건을 맡는 일은 극히 드물지요. 게다가 판사든 검사든 재판정에서 주로 마주하는 사람들이 죄를 지었다고 추정되는 사람들입니다. 만나서 즐거운 사람들은 아니겠지요. 그러

나 죄인으로 추정되는 사람들을 상대로 일생을 살아야 하는 사람의 심정 같은 것은 드라마나 영화에 잘 나오지 않습니다. 변호사도 텔레비전에서 보는 것처럼 법정에서 치열하게 공방을 벌이지 않습니다. 대부분은 사전 조정으로 해결되고, 법정 공방은 싱겁다 싶을 정도로 금세 끝나고 맙니다.

소위 잘나가는 직업만 극적으로 묘사하는 것은 아닙니다. 동네 식당을 보여 주어도 마찬가지입니다. 식당은 어디나 다 마찬가지로 잔일이 많습니다. 음식 재료를 씻고, 다듬고, 설거지하고 장 보러 가고, 요리를 하고, 신경 쓸 일이 한두 가지가 아닙니다. 이렇게 잔신경 써야 할 데가 많으니 식당 하는 사람들은 매우 피곤할 수밖에요. 하지만 드라마 속의 식당 주인은 손님에게 인사하고 주문을 받은 뒤 주방에 알려 주면 일이 끝납니다. 그런 뒤에는 많은 시간을 자식들의 연애 이야기를 하는 것으로 보냅니다. 드라마만 보고 있으면 식당 운영이 별것 아닌 것처럼 느껴집니다.

다큐멘터리 속 직업도 진실은 아니다

그럼 드라마가 아닌 다큐멘터리는 어떨까요? 드라마야 원래 허구이고 특성상 세세하게 보여 줄 수 없지만, 다큐멘터리라면 있는 대로 보여 주지 않을까요? 물론 그런 면이 없지는 않습니다. 직업을 소개하거나 장인의 삶을 조명하는 다큐멘터리는 드라마보다야 훨씬 낫습니다. 그러나 거기에도 한계가 분명 존재합니다.

다큐멘터리는 보통 아무리 어두운 면을 다루더라도 따뜻한 시각에서 다루려는 특성이 있습니다. 즉, "어려움이 있지만 결국은 다 보람 있고 훌륭하다."는 관점을 유지합니다. 또 어떤 직종을 다루더라도 일상을 그대로 옮겨 놓거나 드러내지는 않습니다.

한번은 흑산도에서 홍어잡이를 하는 사람들의 삶을 보여 주는 다큐멘터리를 보았습니다. 힘들고 위험한 일이지만 자랑스럽고 가치 있는 일이라는 메시지를 전해 주었습니다. 꽤 재미있게 보았지만, 한편으로는 아쉬움이 남더군요. 시종일관 선장과 선주의 입장에서 다룬 것이어서 그랬습니다. 세상에는 선장과 선주보다 선원들의 수가 훨씬 많습니다. 선장이나 선주가 되지 못하고 선원으로 남을 확률이 훨씬 크므로 직업을 다루려면 선원 입장에서 다루는 것이 나았겠다 싶었습니다. 이렇게 보자면 다큐멘터리 역시 직업에 대한 정보를 충실히 제공하지 않기 때문에 의도와 달리 왜곡된 정보를 전해 줄 수 있습니다.

나는 직업 정보를 충분히 얻고 있는가

지금까지 직업 정보를 얻을 수 있는 인적 자원이 너무 부족할 뿐만 아니라, 정보의 주공급원인 텔레비전이 왜곡된 정보를 제공하고 있다는 것을 살펴보았습니다. 직업 정보 취득에 관해 정보량이 충

분한지, 내용이 얼마나 왜곡됐는지를 기준으로 다음과 같이 나눌 수 있습니다.

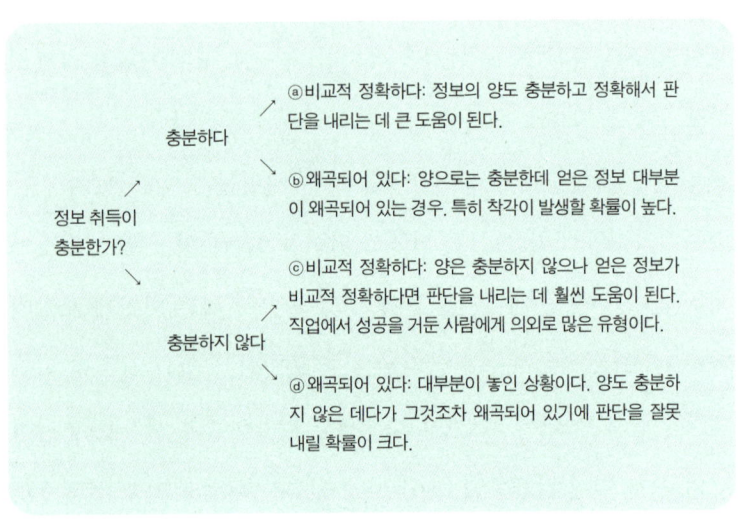

여기에서 가장 좋은 경우는 물론 ⓐ입니다. 즉, 정보를 충분히 얻을 수 있고 그 정보들이 비교적 정확해서 판단하는 데 크게 유리합니다. 정보가 충분하고 정확하다면 잘못된 판단을 내릴 확률이 낮아지게 마련입니다. 반면, ⓓ가 가장 좋지 않습니다. 정보도 충분히 얻을 수 없는 데다가, 그나마 얻은 정보도 왜곡되어 있어서 그릇된 판단을 내릴 확률이 높아집니다.

불행히도 제가 보기에 한국의 청소년들은 대부분 ⓓ의 경우에 있습니다. 직업 선택을 제대로 하기에는 무척이나 어려운 상황에 처해 있는 셈이지요. 그런데 이것 말고도 직업 선택을 어렵게 하는 외부 사정이 또 있습니다. 그것은 외부 환경이 옛날과는 달라졌다는 것입니다. 먼저 미래 예측이 어렵다는 것부터 살펴보겠습니다.

7. 미래 예측이 어렵다

이 직업이 20년 뒤에도 유망할까

제 친구 가운데 하나는 지금 한 신문사의 고위직에 있습니다. 그 친구는 고등학교 1학년 때 기자가 되겠다는 꿈을 가졌다고 합니다. 기자를 꿈꾸게 된 사연이 이렇습니다.

그해 여름에 큰 홍수가 졌는데, 한 신문의 1면에 '水魔가 할퀴고 간 현장'이라는 제목이 실렸습니다. 그런데 '水魔(수마)'라는 한자를 읽지 못해 동네에 살던 대학생 형에게 물어보았다지요. 그랬더니 그 형이 "고등학생이 그것도 모르냐?" 하며 핀잔을 주었답니다. 이 친구는 그 말에 자극을 받아 한자 공부를 시작했습니다. 한자 공부를 하면서부터 신문을 열심히 읽기 시작했는데, 신문 사설을 읽으면서 "이런 글을 쓰는 사람이 참 멋있구나. 나도 이런 글을 써 보면 좋겠다." 하는 꿈을 품게 되었다고 합니다. 그리하여 기자가 되는 길을 찾았고, 지금은 소원대로 기자가 되어 직업에 관해서는 아무런 불만이 없다는군요.

이 친구가 앞에서 살펴본 정보 취득 ⓒ에 해당하는 경우입니다. 즉, 기자가 아닌 다른 직업에 대해서는 거의 정보를 모으지 않아서 다른 직업과 기자를 비교할 만한 기회는 충분하지 않았습니다. 그러나 기자에 관한 정보만은 비교적 정확한 것이었다고 할 수 있습니다.

이 친구의 성공 요인을 따져 본다면 물론 본인의 노력과 능력이 큰 비중을 차지하겠지만, 또 한 가지가 있습니다. 그것은 기자라는 직업이 20년이 흐른 뒤에도 여전히 사회적으로 괜찮은 직종으로 남아 있다는 점 덕분입니다. 다시 말해서, 20년이 지난 지금 만일 기자라는 직종이 사회적으로 시들해지고 별로 자리도 없는 처지가 되었다면 성공하기는 훨씬 더 어려웠을 것입니다. 또 지금처럼 성취감을 높이 느낄 수도 없었겠지요.

영원히 유망한 직업은 드물다

1970년대에 섬유 산업은 한국을 떠받치는 산업 가운데 하나였습니다. 그때는 섬유업에 종사하면 웬만하면 돈을 벌었습니다. 봉제 공장을 차려 돈 번 사람도 많았고, 봉제 공장에 다니며 생계를 이어 가던 사람도 많았습니다. 하지만 지금은 중국의 공장이 세계를 지배하는 시대가 되면서, 한국에서 섬유 산업은 사양길에 접어들었습

니다. 더는 유망한 분야가 아닌 것입니다. 물론 아직도 섬유 산업 분야에서 잘하고 있는 사람도 있지만, 예전에 비하자면 기회가 크게 줄었습니다.

하지만 30년 전에 누가 중국의 부상을 예측하고 섬유 산업의 미래가 어두워질지 알았겠습니까? 설령 누군가 그렇게 말했다 해도 귀담아 듣는 사람은 거의 없었을 것입니다. 신발도 마찬가지입니다. 같은 시기, 부산을 중심으로 신발 산업은 경기가 대단히 좋았습니다. 하지만 나이키가 중국이나 인도네시아로 공장을 옮기면서 신발 산업은 급격히 가라앉았습니다.

현재 유망한 직종이라 해서 열심히 준비하더라도, 막상 사회에 진출할 무렵 그 직종이 전반적으로 가라앉는다면 개인으로서는 별 뾰족한 수가 없습니다. 최근 들어 각광받았던 펀드 매니저도 예전에는 상상하기 힘든 직업이었습니다. 요즘 금융 위기 때문에 펀드 매니저들이 수난을 겪고 있어서 앞으로 어떻게 될지는 잘 모르겠습니다만, 한동안 '뜬' 직업이었던 것은 사실입니다.

30년 전에는 은행에 들어가는 것만으로 충분했습니다. 당시 은행은 안정되고 월급이 많을 뿐 아니라, 소위 큰소리 칠 수 있는 직종이었습니다. 따라서 많은 인재들이 은행으로 향했지요. 하지만 1998년 외환 위기 때 아무도 상상하지 못했던 은행 합병이 단행되어 여러 은행이 사라졌습니다. 그와 함께 수없이 많은 사람들이 은행을 떠났습니다. 이 사건이 사람들에게 던져 준 정신적 충격은 매우 컸습니다. 안정된 직장이란 없다는 생각을 심어 주었으며, 유망 직업에 대한 인식도 크게 흔들렸습니다.

장래 유망 직업을 예측하기 어려운 까닭은 세상이 너무 빠르게 변하기 때문입니다. 조선 시대에는 직업이 매우 한정적이었습니다. 양반들은 과거를 봐서 공무원이 되는 것 외에는 별 선택지가 없었고, 중인들은 보통 가업을 이어받았습니다. 근대에 들어서야 직업이 다양해지고 선택의 폭이 넓어진 것인데, 30년 전과 지금은 또 엄청난 차이가 있습니다.

예를 들어, 지금은 바퀴벌레나 쥐를 잡아 없애 주는 회사가 있습니다. 하지만 예전에는 이런 것을 직업으로 삼는다는 것은 생각조차 하기 힘들었지요. 청소 대행이나 포장 이사 같은 일도 마찬가지입니다. 요즘은 회사를 돌아다니면서 회사 문서를 잘게 잘라 처리해 주는 직종이 성업 중이라고 합니다. 회사 기밀이 담긴 문서를 함부로 버렸다가는 큰일이 날 수 있으므로 이런 전문 직종이 생겨난 것입니다.

세상이 변함에 따라 새로운 직업이 생겨납니다. 세상이 변하므로 새로운 수요가 생기고, 새로운 수요에 맞춰 새로운 직업이 생겨나는 것입니다. 문제는 변화가 너무 심하게, 너무 폭넓게, 너무 빠르게 진행된다는 점입니다. 미래 사회를 정확히 예측할 수 있어야

직업 선택은 왜 어려울까

직업 변화도 예측할 수 있을 텐데, 미래 사회에 대한 예측이 매우 어렵기에 직업 예측 또한 난감할 수밖에요. 사정이 이러하니 전문가들도 직업 전망을 내놓기 매우 어렵게 되었습니다. 예를 하나 들어 볼까요? 아래 기사의 제목은 '5년 뒤 이런 직업들이 뜬다'입니다.

취업포털 커리어는 커리어 컨설턴트 40명을 대상으로 2013년께 부상할 직업을 설문한 결과 금융자산 운용가가 가장 유망한 직업으로 평가됐다고 15일 밝혔다. 설문은 국내 직업 전문 기관의 자료를 토대로 미리 선정된 유망 직업 100개에 대해 커리어 컨설턴트가 급여 수준, 업무 성취도, 고용 안정성, 자기 계발성 등 10개 항목에서 점수를 매겨 평가하는 방식으로 진행됐다. 그 결과 금융자산 운용가가 항목별 평균 총점이 41.84점이라는 높은 점수로 5년 뒤 유망 직업 1위에 올랐다.

이어 브랜드 관리사(41.65점), 컴퓨터보안 전문가(41.00점), 경영 컨설턴트(40.14점), 투자 분석가(39.50점) 등이 뒤를 이었다. 또한 산업용로봇 조작원(39.28점), 상담 전문가(38.37점), 큐레이터(38.01점), 헤드헌터(36.79점), 실버시터(34.09점) 등이 유망직업 톱 10에 올랐다.

— 「연합뉴스」 2008년 7월 15일

여기에서 이 전망이 5년 뒤를 대상으로 한다는 점에 주목해 봅시다. 5년 뒤 뜨는 직업이라면 이제 막 대학에 입학하는 학생들이 사회에 나갈 무렵 맞부닥뜨릴 일에 해당됩니다. 그런데 5년 뒤 뜨는 직업이 취업을 앞둔 이들에게 무슨 의미가 있을까요? 5년 뒤가 아니라 10년, 20년 뒤에도 계속 뜨는 직업이라는 보장이 있다면 모르겠으나, 그런 보장이 없다면 미래의 직업인들에게는 소용이 없습니다. 앞에서 보았듯이 20년, 30년 뒤에도 유망한 직업이 아니라면 별 의미가 없으니까요. 지금 혹은 5년 뒤에는 좋을지 몰라도 그 뒤로는 내리막길을 걷는다면 무슨 의미가 있겠습니까? 5년 뒤에 직업을 바꿀 예정이 아니라면 5년 뒤 전망은 별로 쓸모가 없습니다. 적어도 20년 뒤에 뜨는 직업을 예측하고 제시해야 의미 있을 것입니다.

그렇다면 왜 전문가들은 5년이라는 단기 전망을 내놓을까요? 그것은 전문가도 10년, 20년, 30년 뒤 전망에는 자신이 없기 때문일 것입니다. 그것은 사회의 빠른 변화를 예측하기가 그만큼 어렵다는 것을 뜻합니다.

미래 예측이 어렵기 때문에 요즘 다시 전통적 직업을 선호하는 추세가 두드러지게 나타납니다. 즉, 인간이 살면서 없어서는 안 되는 직업이 다시 인기를 끌고 있습니다. 예를 들어 교사, 의사, 변호사, 공무원 등이 이런 직업에 속합니다. 이런 직업은 유행을 타지도 않고 소멸할 가능성도 없어 보입니다. 사람은 아프지 않을 수 없으

므로 의사가 필요할 터이고, 배우지 않고 살아갈 수 없으므로 교사도 꼭 필요하며, 사회 생활에서 다툼은 피할 수 없으므로 변호사도 꼭 있어야 합니다. 그리고 국가의 기능과 힘이 막강한 현대에 공무원은 없어서는 안 될 직업입니다. 이런 이유에서 안정적이고 전통적인 직업이 인기를 얻고 있습니다.

미래 예측이 어느 정도 가능하고, 발전에 대한 전망이 비교적 뚜렷하다면 전통적 직업은 기초 분야에 자리를 잡습니다. 하지만 미래 예측이 어렵고 전망도 밝지 않다면 전통적 직업이 다시 각광을 받습니다. 요즘 법학전문대학원과 의학전문대학원에 많은 사람이 몰리는 것도 전통적 직업이 갖는 장점 때문입니다. 이런저런 직업을 경험한 사람들이 "그래도 역시 의사나 변호사가 낫다."는 결론을 내리고 많은 나이에도 불구하고 다시 공부를 시작합니다.

미래 예측이 점점 어려워지고 있다

1950년대에서 1980대까지만 해도 "한국의 20년 뒤 모습을 알고 싶으면 일본을 보라."는 말이 널리 퍼져 있었습니다. 아닌 게 아니라 일본에 가서 자판기가 보급되어 있는 것을 보고 사업 준비를 하면, 10년 남짓해서는 한국에서도 자판기가 유행하기 시작했습니다. 무엇이 미래에 유망한지 머리 아프게 고민할 필요가 별로 없었고, 일본에 가서 잘 보고 오면 그것으로 충분했습니다.

하지만 이제 이런 격차는 사라졌습니다. 일본에 가더라도 한국과 다른 점을 별로 느낄 수 없습니다. 일본에 있는 물건은 대부분 한국에 있을 뿐 아니라, 백화점을 비교해 보더라도 한국의 백화점이 훨씬 나아 보입니다.

게다가 일본이나 미국도 미래 예측에 애를 먹고 있습니다. 한계에 다다랐기 때문입니다. 새로운 모델을 만들어야 하나 발전이란 무한히 계속되는 것은 아니기에 어려운 것입니다. 세계 어느 곳에서도 미래를 예측하기가 쉽지 않습니다.

8. 몇 차례 직업을 바꿔야 한다

수명도 늘고 전직도 는다

저는 요즘 지하철을 타서 자리에 앉아 있으면 마음이 매우 불편합니다. 나이가 이미 50대에 접어들었고, 머리가 온통 하얘서 몇 년 전부터 학생들로부터 곧잘 자리 양보를 받아 왔습니다. 처음에는 당황하여 앉지 못했으나, 어느덧 익숙해져서 자연스럽게 앉을 정도가 되었지요. 그런데 요즘 들어서는 사정이 많이 바뀌었습니다. 지하철에 저보다 나이 드신 분들이 매우 많아서 앉아 있어도 불안한 것입니다. 특히 출퇴근 시간이 아닐 때는 지하철에 노인들이 무척 많습니다. 따라서 마음 편하게 앉아 간다는 것을 기대하기는 힘듭니다. 그래서 '차라리 지금의 노약자석을 일반석으로 하고, 일반석을 노약자석으로 하는 것이 마음의 평안을 증진시키는 길이 아닐까?' 하는 생각을 해 보기도 합니다.

한국은 급격히 고령화 사회로 접어들고 있습니다. 2008년 10월

1일 통계청이 발표한 자료에 따르면, 우리나라 65세 이상 노인 인구는 500만 명을 넘어서서 전체 인구의 10.3퍼센트를 차지한다고 합니다. 앞으로 이 비율은 점차 높아져서, 2016년이 되면 노인 인구가 14세 이하 유소년 인구를 앞지를 것이라고 합니다.

이렇게 노령화 이야기를 길게 한 것은 노령화가 직업과 깊은 관련이 있기 때문입니다. 그것은 평균 수명이 늘어남에 따라 한 사람이 평생 동안 몇 차례 직업을 바꿔야 한다는 것을 뜻합니다.

제가 어렸을 때만 해도 환갑 잔치는 큰 행사였습니다. 당시 평균 수명이 60을 좀 넘었던 것으로 기억하는데, 여하튼 60까지 살았다는 것을 크게 축하해 주었습니다. 이것을 직업과 관련시켜 풀이하자면, 예전에는 한 가지 직업으로 평생을 지낼 수 있었음을 말합니다. 즉, 회사원의 경우 입사하여 약 55세에 정년을 맞았다면, 퇴직 이후의 여생이 짧았기 때문에 다시 새로운 직장을 찾는 일은 별로 없었습니다. 퇴직금으로 살다가 죽으면 그것으로 충분했지요. 퇴직 전에 죽음을 맞은 사람두 많았습니다. 직업 선택도 비교적 쉬웠습니다. 종류도 많지 않았고, 한번 직장을 정하면 그것으로 일생을 지내는 데 별 부족함이 없었으니까요.

하지만 지금은 평균 수명이 75세 이상입니다. 환갑을 맞아도 잔치 대신 여행을 다녀오는 것으로 조용히 치르는 추세입니다. 또 55세에 퇴직하더라도 퇴직금으로 '남은 생애 편안히' 살 수 있는 형편

이 아닙니다. 앞으로 살날이 20년 이상 남았기에 퇴직금에 기대서만은 살기가 힘듭니다. 자식들의 결혼은 점점 늦어져서, 퇴직 후 자식들 혼사를 치르는 경우가 많으므로 목돈 들 일도 기다리고 있습니다. 그러니 정년 뒤에도 새로운 직장을 얻어야 합니다. 자기 계발이나 성취를 위해서가 아니라, 돈을 위해 또 다른 직업을 찾아야 하는 것입니다. 초등학교 교장을 지내다 퇴직한 사람이 아파트 경비나 관리실에서 일하는 모습은 이제 낯설지 않은 풍경입니다. 대기업 임원이었던 사람은 동네 통닭집에서 직접 닭을 튀깁니다. 방송국에 다니던 기술자는 부동산 중개사 시험을 봐서 조그만 부동산 중개업을 합니다.

『한국 직업 발달사』를 쓴 김병숙 교수는 "우리나라 사람들은 중3·고3·27세·40세에 직업에 대한 고민을 가장 많이 하고, 한 직장에서 평균 8년 근무하며, 한곳에서 3년 이상 근무하면 옮기고 싶어한다."고 분석했습니다(「조선일보」, 2008년 2월 12일). 그리고 "40대 이후엔 명문대 못 나온 게 흠이 안 되죠. 그간 쌓아온 경력과 인맥, 자신의 의지가 더 중요해요. 미래학자들은 120세까지 일하는 날이 도래하고 일생에 8번 직업을 바꿀 수 있다고 예견합니다." 하고 말했습니다.

여기서 인간이 120세까지 살게 될 것이며, 그러면 8번 직업을 바꾸게 될 것이라는 말에 주목해 봅시다. 앞에서 본 바와 같이 수명이

성적은 짧고 직업은 길다

70

늘면서 어쩔 수 없이 몇 차례 직업을 바꿀 수밖에 없습니다. 120세가 아니라 85세라 해도 몇 번의 전직은 피할 수 없지요. 그렇다면 40세 이후에도, 즉 55세, 60세, 65세, 70세 등 몇 번은 더 직업에 대해 고민해야 할 것입니다.

첫 직장 선택이 중요하다

사정이 이렇다면 청소년 때 택하는 직업은 앞으로 다가올 몇 번의 전직과 어떤 관련이 있을까요? 퇴직 후에도 재취업을 해야 하고, 재취업이 한 번으로 끝나지 않을 가능성이 매우 높다면 첫 직장은 어떻게 선택해야 할까요?

의사를 첫 직업으로 선택한다고 해 봅시다. 의사는 전문직이자 전통적인 직업이므로, 경기를 타지 않는 편이고 유행에 민감하지 않은 직종에 속합니다. 게다가 정년도 없습니다. 체력과 의지가 있는 한 일할 수 있으므로 다른 직업에 비해 나이에 구애받지 않는 편이지요. 일단 정년이 없다는 것이 고령화 시대에는 큰 장점입니다. 이런 이유 때문에 마흔이 넘은 나이에도 의학전문대학원에 진학하여 의사가 되려고 하는 이들이 많습니다. 왜냐하면 쉰이 다 되어 전문의가 된다 하더라도 20년 이상은 직업을 가질 수 있기 때문입니다. 따라서 몇 번의 전직이 싫다면 의사와 같이 정년이 없는 직업을 택하면 좋겠지요.

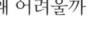

직업 선택은 왜 어려울까

정년이 없는 직업으로는 의사 외에도 변호사, 예술가, 작가, 기업인, 자영업자 등이 있습니다. 변호사는 의사와 같은 전문직이어서 거의 같은 입장입니다. 예술가와 작가도 정년이 없기는 마찬가지이지만, 살아남기는 힘든 직종입니다. 나이가 들어서도 현역으로 남아 활동하는 예술가와 작가는 매우 드뭅니다. 하지만 살아남기만 한다면 이보다 좋은 직업도 없을 것입니다. 기업인은 예술가나 작가에 비해 생존 확률이 훨씬 높습니다. 자신의 회사가 문을 닫지 않고 유지된다면 죽을 때까지 현역에 있을 수 있고, 전업할 필요도 없습니다. 물론 시대가 빠르게 변하고 있고, 신기술과 새로운 트렌드가 지배하는 시장에서 낙오되지 말아야 하는 부담이 크지만 말입니다. 자영업자는 나이가 많아서까지 할 수는 있어도 끝까지 살아남을 확률이 높은 편은 아닙니다. 상점의 종류가 수시로 바뀌기 때문입니다. 김밥집을 열어서 몇 년 간은 잘되다가도, 주변 상권이나 시류가 바뀌면 갑자기 안 되는 경우가 많거든요. 정년이 없다고는 해도 의사와 같은 전문직과는 분명 다른 점이 있습니다. 정년과 관계없는 직종은 몇 되지 않습니다. 자영업을 제외하면 전문직 몇 종에 한정될 뿐입니다. 그렇다면 대부분의 사람들이 일생 동안 몇 차례 전직을 해야 하는 형편인 셈입니다.

현실이 이렇다면 그에 맞는 직업 전략을 세울 수밖에 없습니다. 하나의 직업으로 일생을 산다는 것을 일찌감치 포기하고, 직업을 몇 차례 택해야 한다는 것을 처음부터 머릿속에 넣어 두는 것입니다. 그렇게 한다면 직업 준비와 선택에서 무엇이 우선하고 무엇이 필요한지 드러날 것입니다.

전직을 여러 차례 할 수밖에 없는 또 다른 이유는 사회가 불안정하기 때문입니다. 비정규직이 늘어남에 따라 안정된 직장이 사라지고 있습니다. 비정규직은 정규직과 거의 같은 일을 하더라도 여러 가지 불이익을 받으며, 해고 위험에 언제나 노출되어 있습니다. 그래서 원하지 않아도 여러 차례 전직을 할 수밖에 없지요. 정규직에서 한번 해고되면 그 다음에는 정규직으로 취업할 가능성이 낮은 것이 현실입니다. 번듯한 직장을 다니다 해고당한 뒤 대리운전 기사로 살아가는 사람도 꽤 많습니다. 빌딩의 경비원도 거의 다 비정규직입니다. 항상 불안한 신분이기에 마음도 같이 불안해지며 미래를 설계하기도 힘듭니다.

수명 연장과 비정규직 확대는 우리에게 여러 번의 전직을 강요하고 있습니다. 이런 환경은 불과 10여 년 전만 해도 없었던 것입니다. 비정규직이 확대된 것은 1998년 외환 위기 이후부터이고, 수명 연장도 그리 오래된 일이 아니기 때문입니다.

역시 직업 선택은 어렵다

지금까지 왜 직업 선택이 어려운지를 알아보았습니다. 우선은

무엇을 하고 싶은지 잘 모르기 때문이고, 알고 있다고 해도 자신의 적성을 알 방법이 별로 없기 때문입니다. 즉, 원하는 일과 적성, 실제로 하는 일 사이사이에 괴리가 존재하기 때문에 직업 선택이 어렵습니다.

하고 싶은 일이 무엇인지 아는 사람도 많지 않고, 안다고 해도 정말로 자신이 그 일에 적성이 있는지까지 알기는 힘듭니다. 원하는 일을 알고 동시에 그 일에 적성이 있다고 해도, 실제로 그 일을 하기까지는 노력과 운이 따라야 합니다. 한 단계 한 단계 헤치고 나아가기가 쉽지 않지요. 따라서 원하는 일을 실제로 하게 되는 것은 결코 쉬운 일이 아닙니다.

직업 선택에 필요한 정보가 부족할 뿐만 아니라, 그나마 얻는 지식도 대개는 왜곡되어 있어서 직업 선택은 더욱 어렵습니다. 즉, 직업에 대해 조언해 줄 수 있는 사람들은 주변 사람에 한정되어 있고, 한정된 주변 사람들은 대개 경험이 많지도, 폭넓은 시야를 갖추고 있지도 못합니다. 그리고 직업에 대한 이미지를 주로 텔레비전이나 영화에서 얻는데, 그것들은 실제와는 상당히 다릅니다. 왜곡된 이미지가 직업 선택을 방해하는 것입니다.

이 밖에 외부의 요인도 있습니다. 예전과 달리 사회가 빠르게 변하고 세분화되어서 앞으로 어떤 직업이 유망할지, 어떤 직업이 생겨날지 미래를 예측하기가 훨씬 어려워졌습니다. 그리고 예전과 달리 한 가지나 두 가지 직업으로 일생을 지내기에는 수명이 많이 늘어났고, 안정된 직장이 사라져 감에 따라 직업이 주는 불안은 훨씬 더 커졌습니다.

직업 선택, 참 쉽지 않지요? 가슴이 답답해졌다고요? 혹시 이런 질문이 떠오르지는 않았나요?

"그냥 놀고먹으면 안 되나?"

2부에서는 이와 같은 근본적인 질문에 대한 답을 찾아볼 것입니다. 어려운 문제를 왜 피하면 안 되는지 알아보자는 것입니다.

2부

그냥 놀고먹으면 안 될까

"제 꿈은 젊어서 큰돈을 모은 다음에 일찍 은퇴해서 편하게 즐기며 사는 거예요. 다른 사람들 생각도 마찬가지 아닐까 싶어요. 일이 좋아서 하는 사람이 어디 있겠어요? 나중에 편히 놀고먹으려고 꾹 참고 일을 하는 것이겠지요. 사람이 꼭 일을 해야 하는 건 아니지 않나요?"

1. 돈이 많으면 놀고먹어도 될까

놀면 안 된다

젊어서 돈을 왕창 벌어, 서른다섯쯤에 은퇴를 한 사람이 있습니다. 이제 먹고살 걱정 없겠다, 평소에 하고 싶었으나 시간이 없거나 돈이 없어 못 했던 것을 해 보자고 결심합니다. 시간도 있고 돈도 있고, 놀아도 되는 여건까지 마련되었으니 날아갈 것 같습니다. 그래서 우선 비행기 표를 끊어 여행을 떠납니다. 1년에 걸쳐 유럽, 아메리카에 아프리카까지 두루두루 돌아다닙니다. 그러고는 마음껏 골프를 치러 다니기 시작하지요. 맛있는 식당을 찾아다니면서 고급 음식을 즐기는 것도 빠뜨릴 수 없습니다. 물론 쇼핑도 마음껏 합니다. 가격은 개의치 않고 옷에 신발에 명품으로 갖추어 차려입습니다. 가끔씩은 자선 단체에 기부도 합니다. 이렇게 하루하루를 지내면서 나이를 먹어 갑니다.

이런 사람, 어떻게 생각하나요? 돈이 많으니까 굳이 일할 필요가 없겠지요. 그러니 먹고 마시고 여행하고 쇼핑하며 사는 것입니다. 남에게 해를 끼치는 것도 아니고 자신도 즐거울 수 있다면 놀고먹어도 되지 않을까요?

결론부터 말하겠습니다. 놀면 안 됩니다. 인간은 일을 함으로써 신성해지기 때문입니다.

부잣집 도련님은 즐겁지 않다

부모가 부자인 덕에 평생 놀고먹는 사람을 가리켜 '부잣집 도련님'이라 부릅니다. 부러울 것 없는 인생 같지만 비극으로 끝나는 경우가 꽤 있습니다. 부모가 물려준 재산을 도박이나 유흥비로 모두 날리고, 가정도 파탄 나서 쓸쓸하게 말년을 지내게 되었다는 것이 부잣집 도련님의 전형적인 스토리이지요. 부모가 물려준 재산을 지키는 일이 매우 어렵기 때문에 재산보다는 살아갈 능력을 키워 주어야 한다고들 이야기합니다. "부자 3대 가기 어렵다."는 말도 이런 맥락에서 나온 것일 테지요.

부잣집 도련님은 매일 놀고먹을 수 있습니다. 하지만 노는 데도 한도가 있고, 언젠가는 지치게 마련입니다. 즐거움도 자꾸 반복되면 감각이 무뎌져서 처음만큼 즐겁지가 않습니다.

피자를 먹을 때도 마찬가지입니다. 피자를 처음 맛보았을 때는 정말 맛있게 먹었겠지만, 매일 먹는다면 점점 맛이 떨어집니다. 맛

있는 것도 매일 먹으면 맛없어지듯이, 재미있는 일도 자주 하면 지겨워집니다. 사람은 어떤 자극을 받든 간에, 자극이 반복되면 익숙해집니다. 익숙해지면 더 큰 자극을 원하게 되고, 그 끝은 무감각입니다.

사람들에게 "여태껏 가장 맛있게 먹었던 음식이 무엇인가?"라고 물으면 대개는 어렸을 때 먹었던 음식을 말합니다. 예를 들어, 어렸을 때 먹었던 자장면이라고 답을 했다고 해 봅시다. 그때 먹은 자장면이 지금까지 먹어 본 다른 음식이나 다른 자장면보다 진짜로 맛있었을까요? 그렇지는 않을 것입니다. 다만 그때의 자극이 가장 인상적이어서 지금까지 가장 맛있다고 기억하는 것이겠지요.

부잣집 도련님 주위에는 친구들이 많습니다. 하지만 그 가운데 진정한 친구는 없는 경우가 많습니다. 그것은 사람이 아니라 돈을 보고 가까이 지냈기 때문입니다. 부잣집 도련님이 재산을 탕진해 마침내 돈이 떨어지면 친구라고 불렸던 사람들은 하나 둘 떠납니다. 돈은 인간관계를 지켜 주지 못합니다. 그럼 부를 잃지 않는다면 친구들이 남을까요? 물론 그럴 확률이 크긴 하지만, 그렇다고 해서 과연 그들을 친구라고 부를 수 있을지는 의심스럽군요.

사람들은 일을 통해 서로를 알게 됩니다. 같이 일을 하며 상대를 알아 가고, 같이 부대끼는 가운데 정을 쌓고 이해를 넓혀 가는 것이 보통입니다. 그러나 오로지 노는 것을 목적으로 만나는 사람들은

그냥 놀고먹으면 안 될까

81

서로를 알 기회가 거의 없습니다. 그냥 서로의 겉치레만 보고 사귀는 것이니까요. 양쪽의 형편이 좋을 때는 관계가 좋아 보이지만, 한쪽이라도 형편이 나빠지면 금세 끝나고 마는 인간관계입니다. 따라서 일을 하지 않고 놀기만 한다면 친구나 동료를 사귈 기회를 얻지 못합니다. 이것은 인생에서 매우 큰 손실이라 할 수 있습니다.

일하는 사람만이 존엄을 지킬 수 있다

이처럼 일을 통해 친구를 사귀는 것도 중요하지만, 놀고먹으면 안 되는 이유는 역시 일하는 사람만이 노는 즐거움을 맛볼 수 있기 때문입니다.

몇 년 전 "열심히 일한 당신, 떠나라!"라는 광고 카피가 히트를 쳤습니다. 열심히 일했으니 당신은 휴가를 떠날 충분한 자격이 있다, 그러니 휴가를 떠나서 즐기라는 뜻이었습니다. 이런 광고가 인기를 끈 것을 보면, 역시 많은 사람들이 열심히 일하며 사는 것 같습니다. 열심히 일한 사람만이 휴가의 달콤함을 알 수 있기 때문입니다. 매일 놀고먹는 사람에게 휴가가 무슨 의미가 있겠습니까.

서울의 을지로입구역이나 시청역 지하도에 가 보면 노숙자들을 볼 수 있습니다. 차림새부터 노숙자라는 것이 확연히 드러나지요. 낮에는 빈둥대며 시간을 보내고, 식사는 무료 급식으로 해결하고, 밤이 되면 라면 박스 따위로 잠자리를 꾸며 몸을 누인다, 가 노숙자들의 삶일 것이라고 추측해 왔습니다. 그런데 언젠가 텔레비전에서 노숙자를 본격적으로 취재한 프로그램을 보고는 생각이 바뀌었습니다. 저는 그 프로그램을 보고 일이 사람에게 어떤 의미인지를 다시금 깨달을 수 있었습니다.

노숙자라고 해서 아무 일도 안 하고 시간을 보내는 것이 아니었습니다. 그들도 일거리를 찾아 나섭니다. 카메라는 길거리에 버려진 파지를 주워 리어카에 싣고 팔러 다니는 노숙자를 따라다니며 그 모습을 담았습니다. 그는 하루에 2만 원 정도 벌어 그 돈으로 밥을 사 먹습니다. 자기가 번 돈으로 밥 사 먹는 것에 그는 자부심을 느끼고 있었습니다. 다른 노숙자들처럼 무료 급식에 의지하지 않는다는 것이지요. 비록 벌이가 변변하지는 못해도 그것이 그의 자존심을 지켜 주고 있었던 것입니다.

그런데 불황이 깊어지면서 벌이가 많이 줄었습니다. 하루 종일 일해도 밥값 벌기가 어려워진 것입니다. 일거리도 줄었고, 파지 가격도 많이 떨어졌습니다. 그러다가 마침내 그도 무료 급식 줄에 서게 됩니다. 이때부터 이 노숙자는 말이 없어집니다. 평소 성격이 활달하고 말주변이 좋았던 그는 풀이 죽어 지냅니다. 자기 손으로 벌어먹는 것이 그동안 그의 존엄성을 지켜 주었던 것입니다. 자기 손으로 먹고산다는 것, 이것은 인간 존엄의 기본입니다.

그 노숙자는 왜 일을 해서 돈을 벌려고 했을까요? 그것은 먹고살

기 위해서였습니다. 일하지 않고 먹을 수 있는 무료 급식 줄에 서는 길을 택해도 되는 것 아니냐고요? 그렇지 않습니다. 자기 손으로 일해서 먹고살아야 한다는 것은 논쟁거리조차 되지 않습니다. 그것은 인간에게 주어진 운명과도 같은 것이기 때문입니다. 부잣집 도련님조차 이 운명에서 벗어날 수 없습니다. 남의 돈(부모의 돈이라 해도 자기가 일해서 번 돈이 아니므로 결국 남의 돈입니다.)으로 놀고먹다 보면 사람은 우울해지게 마련입니다. 직업이란 단순히 먹고살려고 돈을 버는 방편이 아니라, 인간다운 자존심을 지키는 길이기 때문입니다.

저는 어렸을 적 축구를 열심히 했습니다. 잘하지는 못했지만, 여름 뙤약볕을 맞으며 무슨 기운으로 그랬는지 참 열심히 뛰어 놀았지요. 축구가 끝나고 나서 마시던 환타는 왜 그렇게 맛있었는지. 그때 환타가 막 나왔던 때라 특히 인기를 끌기도 했지만, 무엇보다 땀을 흠뻑 흘린 뒤에 마셨기 때문에 꿀맛이었을 겁니다. 등산을 할 때도 마찬가지입니다. 땀을 흘리며 두세 시간을 오른 뒤 정상에서 마시는 물 한 모금은 그 어떤 값비싼 음식에도 비할 수 없는 맛입니다. 사람은 땀을 흘려야 감각의 즐거움을 맛볼 수 있습니다.

조사에 따르면, 육체 노동을 하는 사람들이 정신 노동을 하는 사람들보다 만족감이 크다고 합니다. 정신 노동을 하는 사람들은 직장에서의 일과가 끝나더라도 머릿속까지 완전히 일에서 해방되기는 힘듭니다. 하지만 육체 노동을 하는 사람은 퇴근과 동시에 일로부터 해방되므로 홀가분함을 느낍니다. 또 땀을 흘려 일했기 때문에 일을 마친 뒤의 상쾌함이 훨씬 더 크다고 합니다.

백수와 부잣집 도련님의 공통점과 차이점

놀고먹는 사람이 또 있지요. 바로 백수입니다. 백수와 부잣집 도련님에게는 공통점도 있고 차이점도 있습니다. 이것들을 하나하나 살펴보겠습니다.

먼저, 백수와 부잣집 도련님은 모두 시간이 많다는 공통점이 있습니다. 그런데 조건이 다릅니다. 백수는 돈이 없고, 도련님은 돈이 많지요. 그래서 도련님은 돈은 신경 쓰지 않고 시간을 보내는 방법을 찾는 반면, 백수는 돈을 들이지 않고 시간을 보내는 방법을 찾습니다. 그런데 그 결과는 엇비슷해서, 둘 다 결국에는 별로 재미를 보지 못합니다. 도련님은 지겨워서 재미가 없고, 백수는 지루해서 재미가 없습니다.

백수와 도련님의 또 한 가지 공통점은, 일을 하지 않는다는 것입니다. 그러면서도 다른 점은 백수는 일을 찾고 있으나, 도련님은 일을 찾지 않는다는 것이지요. 이런 점에서 보면 백수가 좀 더 희망적입니다. 일을 하게 되면 휴가의 달콤함을 경험할 확률이 높아지니까요. 도련님이야 평생 놀고먹으니 휴가가 있을 리 없고, 따라서 떠

나는 자의 설렘도 알 수가 없겠지요.

어쨌든 백수와 도련님은 차이점도 있지만 기본적으로 같은 부류의 사람들입니다. 일 안 하고 빈둥대며 시간을 보내는 사람이라고 말할 수 있겠지요. 이런 사람들은 일의 고달픔을 모르기에 휴식의 달콤함도 알 수 없어서 무료하게 인생을 보냅니다. 백수로 사는 것이 바람직하다고 말하는 사람은 거의 없습니다. 아마 백수 자신도 스스로 바람직하다고 말하지는 않을 것입니다. 부잣집 도련님으로 사는 것도 바람직하지 않습니다. 돈이 있다는 것 말고는 백수나 도련님이나 기본적으로 같으니까요. 이 글의 첫머리에서 던진 질문에 대한 궁금증이 풀렸나요? 사람은 아무리 돈이 많아도 놀고먹어서는 안 됩니다.

눈앞의 돈에 정신을 빼앗겨 돈이 있다면 놀고먹어도 된다고 잠깐 생각할 수는 있을지 모릅니다. 하지만 그래도 사람들은 "사람은 일을 해야 해."라고들 말합니다. 그것은 일을 해야 노는 것의 맛도 알 수 있다는 소극적 의미에서만 하는 말이 아닙니다. 인간이 일을 해야 할 적극적인 이유가 따로 있습니다. 이제부터 하나씩 살펴보겠습니다.

2. 사람은 왜 일을 하는가

먹고살려고 일한다

직업을 갖는 이유는 여러 가지가 있습니다. 흔히들 자아실현, 성공이나 성취의 기쁨, 사회 봉사 등을 이유로 꼽습니다. 모두 맞는 이야기입니다. 일을 하며 자아를 실현하는 기쁨을 누릴 수 있고, 일자체에서 행복을 느낄 수도 있을 것이며, 직업을 통해 남에게 도움을 주고 사회를 발전시킬 수도 있습니다. 모두 훌륭한 이유이기는 하지만 이것들이 직업을 갖는 '첫 번째 이유'가 될 수는 없습니다.

그럼, '첫 번째 이유'는 무엇일까요? 역시 먹고살기 위한 돈을 버는 것입니다. 다시 말해서, 사람은 먹고살기 위해 일을 합니다. 이것은 가장 단순하면서 가장 강력한 이유입니다. "왜 일을 해야 하는가?"라는 질문에 "먹고살기 위해서."라고 답하면 답은 완료된 것입니다. 다른 이유들은 그에 곁따르는 것들입니다.

직장인들 가운데 많은 이들이 상사의 부당한 대우라든지 회사의

횡포에 불만을 품고 있습니다. 그렇지만 그들은 쉽사리 직장을 그만두지 못합니다. 목구멍이 포도청이니까요. 자식들 학원 보내야지, 공과금 내야지, 지난달에 쓴 카드값 내야지, 집 살 때 받은 대출금 갚아야지, 돈이 들어갈 곳이 한두 곳이 아닙니다. 직장을 그만두면 생활비가 끊겨 당장 살아가기가 막막하므로 불만이 많아도 꾹 참고 다녀야 합니다. 이것이 대부분의 직장인들이 겪고 있는 현실입니다.

돈이 많아도 놀고먹으면 안 되지만, 돈도 없는 형편에 일하지 않는다면 생계뿐 아니라 심하면 목숨도 위협을 당하므로 더더욱 안 될 일입니다. 먹을 것도 사고, 집세도 내고, 옷도 사 입어야 살아갈 것 아닙니까. 매우 단순하고, 매우 강한 현실입니다. 단순할수록 강한 것이 세상 이치인 법이라, 먹고살기 위해 사람들은 무엇인가 일을 해야만 합니다. 그것도 자기 힘으로 일해서 먹고사는 것이 중요합니다.

먹고사는 것이 중요하다는 것은 아무리 강조해도 지나치지 않습니다. 더구나 지금은 다시 먹고사는 문제가 사회를 뒤덮으려 하는 시대입니다. 나이 드신 분들은 옛날이야기를 즐겨 하시지요. 특히 옛날에 얼마나 가난했는지를 곧잘 말씀하십니다. 내용을 들어 보면 설마 하는 내용도 있어요. 1년 내내 쌀밥 구경을 못 했다든가, 하루에 한 끼를 겨우 먹고 지냈다든가, 물로 배를 채웠다는 이야기도 있습니다.

저도 어렸을 때 야산에 놀러 갔다가 굴을 파고 그 안에서 사는 사람들을 본 적이 있습니다. 집이 없어서 산에 굴을 파고 산다니, 지금은 상상하기 어렵지요? 하지만 사실입니다. 거리에 거지가 넘쳐나던 시절도 있었습니다. 그러한 가난을 극복하고 경제 성장을 이루어 우리나라가 지금은 잘살게 되었습니다만, 미래가 그리 밝지만은 않습니다.

지금의 가난은 옛날과 같은 절대 가난이 아니라, 현재의 수준을 유지하기 어려운 가난입니다. 예를 들어 35평짜리 아파트에 살다가 작은 평수로 이사 가거나, 전세 살다가 월세로 가거나, 강남 살다가 강북으로 이사 가거나 하는 가난입니다. 학원을 세 군데 다니다가 한 군데로 줄이고, 피자 먹는 횟수를 다섯 번에서 한 번으로 줄이는 가난입니다.

직업이 있어야 먹고살 수 있고, 먹고살 만해야 자식 교육도 시킬 수 있습니다. 요즘 같은 세상에 자식 하나 키우려면 교육비가 얼마나 많이 드는지 온 나라가 잘 알고 있습니다. 돈 없어서 애를 못 낳는다는 사람들도 실제로 많습니다. 또 여가를 즐기려 해도 돈이 필요합니다. 스키를 좋아하지만 돈이 없어서 갈 수가 없다면 살맛이 나지 않을 테지요. 해외 여행을 가고픈데 돈이 없어 포기해야 한다면 스스로 무능력하다고 여길 것입니다. 책을 마음껏 사서 읽고 싶

은데 돈이 없어서 살 수가 없다면 속상할 것입니다. 이런 식으로 말하자면 끝이 없습니다. 무엇인가를 하려면 대부분은 돈이 필요합니다. 물론 돈 없이 즐기는 것이 최고의 경지이겠지만, 그 경지까지 이르려면 많은 훈련이 필요합니다. 평범한 사람들은 우선 돈이 있어야 의식주를 해결하고, 여가를 즐기고 자식을 키우고, 때때로 남을 도울 수 있습니다.

따라서 먹고사는 문제를 해결하기 위해 직업을 가져야 한다는 것은 마땅히 존중받아야 합니다. "먹고살기 위해 일한다."는 말을 자조적으로 내뱉는 경우가 많습니다. "마음에는 들지 않지만 억지로 한다." 또는 "내가 사실은 이런 시시한 일을 할 사람이 아니다."라는 뜻으로도 들리는데 이런 자세는 곤란합니다.

일단 일을 하라

저희 집안의 한 아저씨 이야기를 해 보겠습니다. 이 아저씨는 젊어서 전파상을 하나 차렸습니다. 요새는 찾아보기 힘들지만, 예전에는 동네마다 전파상이 있어서 전구도 팔고, 고장 난 가전제품을 고쳐 주기도 했지요. 대개 조그만 가게여서 벌이도 많지 않고 겨우겨우 살아가는 것이 보통이었습니다. 이 아저씨네 전파상도 마찬가지여서, 얼마 뒤 벌이가 시원찮은 전파상 문을 닫고 유리가게를 열었습니다. 그러나 유리가게 역시 힘들기는 마찬가지였습니다.

그러다가 이 아저씨는 전기 기술자로 취직을 하게 되었습니다. 당시는 아파트가 우후죽순처럼 생겨나던 때라 전기 기술이 있으면 취업하기가 좋았지요. 이 아저씨는 아파트 관리실에 들어가 성실하게 일하다가 정년퇴직을 했습니다. 퇴직 후에는 다른 아파트에 계약직으로 취직해서 일을 계속하게 되었습니다. 그리고 지금도 일하고 있습니다.

이 아저씨는 한 번도 일이 좋아서 한다는 말을 한 적이 없습니다. 언제나 먹고살기 위해 일을 할 뿐이라고 말합니다. 그것은 사실일 것입니다. 특별히 배운 것도 없고, 대인 관계가 좋은 것도 아니고, 내세울 만한 집안도 아니고, 특별한 취미도 없습니다. 무엇인가 좋아하는 일이나 좋아하는 것이 있을 법도 한데 그런 것도 없어 보입니다. 출근해서 일하다가 집에 돌아와서 쉬는 것이 하루 일과입니다. 집안 행사에 참석해서도 말없이 조용히 앉아 있다 가곤 합니다. 말하자면 재미없는 사람인 셈이지요.

그런데 저는 이 아저씨가 참 훌륭하다고 생각합니다. 비록 스스로도 재미를 느끼지 못하고 남들 보기에도 사회적 업적을 쌓은 것은 아니지만, 먹고살기 위해 열심히, 성실히 살아온 것을 높이 평가하고 싶습니다.

다시 강조하지만 직업은 뭐니 뭐니 해도 먹고살기 위한 방편입니다. 그것이 첫 번째 이유입니다. 뛰어난 재주가 없어도, 많이 배

운 것이 없어도 먹고살기 위해 하루하루 성실하게 살아가는 모습이
인간이 기본적으로 갖추어야 할 본분입니다.

요즘은 말들을 참 멋지게 합니다. 특히 부모들이 많이 배운 탓에
자식들에게 자아실현이라든가 성공에 대해 들려주면서 은근히 압
박을 가합니다. 직업이 먹고사는 것뿐만 아니라 성취의 장이 되어
야 한다고 강조하면서 적성에 맞고, 사회적으로 인정받고, 장래가
있고 유망하며, 안정되고, 남에게 굽실거리지 않아야 한다는 등 많
은 조건을 내겁니다. 물론 다 좋은 이야기입니다. 하지만 직업에서
가장 기본은 생계를 해결하는 문제입니다. 따라서 자기 마음에 드
는 일자리를 당장에 찾을 수 없을 경우, 그 일을 찾느라 마냥 시간
을 보내는 것보다는 우선 닥치는 대로 일을 하는 것이 좋습니다. 물
론 자기에게 맞는 일을 찾는 것이 가장 바람직하다는 것은 말할 나
위도 없습니다. 그러나 앞서 말한 대로 자신의 적성을 발견하기란
쉽지가 않습니다. 오히려 시행착오를 거치며 적성을 찾아 가는 것
이 더 나을 수 있습니다. 이 핑계 저 핑계를 대면서 직업 갖기를 회
피한다면, 끝내 자기 적성을 발견하지 못할 수도 있습니다.

요즘 3D 직종은 사람을 구하기 힘들다고 하지요. 그래서 외국인
들이 주로 그 일을 한다고 합니다. 한국인이 힘들고(difficult) 위험
하고(dangerous) 더러운(dirty) 직종을 피하는 이유는 그런 일은 해
봐야 미래가 없다고 생각하기 때문입니다. 평생 일해 봐야 돈도 못

벌고 고생만 한다는 것이지요. 그럴 만도 합니다. 적은 월급에 열악한 작업 환경, 불투명한 미래. 누가 보아도 내키지 않을 일이지요.

하지만 먹고사는 문제를 해결하기 위해서라면 그것이 불법이거나 남에게 해를 끼치는 일이 아닌 한 기꺼이 하려는 마음 자세를 가져야 하는 것 아닐까 생각합니다. 일을 안 하는 핑계를 이리저리 댈 수 있지만, 어떤 직종이든 열심히 일하다 보면 기회가 생길 수 있습니다. 성실하게 일하는 사람에게는 기회가 오게 마련입니다.

한 젊은이가 동대문 상가에서 초봉 70만 원 남짓 받고 일을 시작합니다. 시시해 보인다고요? 나라면 안 하고 말겠다고요? 그러나 10년쯤 성실히 일했다면 그때도 시시할까요? 그 정도 되면 이제는 자기 가게를 마련할 기회를 얻을 수 있습니다. 그때는 주변 사람들로부터 많이 도움을 받을 수 있을 것입니다. 주변 사람들은 안 보는 척, 무심한 척하고 있지만, 속으로는 다 꼼꼼하게 평가를 하고 있습니다. 이 사람이 어떤 태도로 일을 하는지, 싹수가 있는지 없는지를 말이지요. 10년 동안 그 평가가 쌓이면 그 사람한테 기회가 생기는 것입니다. 어떤 일을 하든 간에 직종에 대한 선입견과 환상을 버려야 합니다. 그리고 먹고살기 위해 일한다는 마음가짐으로 임해야 합니다.

저는 강연을 하면서 종종 먹고살려고 글을 쓴다고 말합니다. 이렇게 말하면 사람들은 보통 웃습니다. 진리를 밝히기 위해서라든

가 사회 정의를 위해서라든가, 하여간 뭔가 그럴듯한 명분이 있어 글을 쓰는 줄 알았는데 먹고살려고 글을 쓴다니 웃음이 나오는 모양이지요. 만일 사회자가 있는 강연이라면 사회자는 저의 말을 농담으로 치고, 진지하게 답을 해 달라고 요구합니다. 그것이야말로 진지한 답변인데 말입니다.

먹고살기 위한 것이 제가 글을 쓰는 1차적이고 기본적인 이유입니다. 물론 글을 써서 먹고사는 문제조차 해결하기 쉽지 않은 것이 현실입니다. 그렇다고 해서 먹고살려고 글을 쓴다는 제 마음가짐이 달라지는 것은 아닙니다. 여의치는 않지만 어쨌든 저는 먹고살기 위해 애를 쓰고 있습니다.

직업은 먹고살기 위한 방편이라는 사실을 빼놓고는 말할 수 없습니다. 하지만 물론 그것만이 직업을 가져야 하는 이유의 전부는 아닙니다.

3. 일이 가져다주는 선물

아침이 기다려진다, 일을 할 수 있으니까

정주영이란 기업인이 있었습니다. 지금의 현대그룹을 일군 사람이지요. 2001년에 세상을 떴지만 2008년에 텔레비전 광고에 등장한 일도 있으니 여러분도 익숙할지 모르겠네요. 그 광고에서 정주영 회장은 이런 일화를 들려줍니다. 거북선이 그려진 500원짜리 지폐와 축척 5만 분의 1 지도를 가지고 영국으로 날아가 선주들을 설득하는 데 성공, 유조선 만드는 일을 따냈다는 것이지요. 그 뒤 아무것도 없는 허허벌판에 조선소를 세웠고, 현대조선소는 세계적인 조선소로 성장했습니다. 거기에는 물론 정부의 지원도 큰 뒷받침이 되었겠지만, 정주영 회장의 의지와 승부욕이 더 크게 작용했을 것입니다.

당시 정주영 회장은 이미 큰 부자였습니다. 그러나 그는 거기에 만족하지 않고 계속해서 회사의 규모를 키워 나갔습니다. 만일 먹고살기 위한 방편으로만 일을 대했다면 진작 은퇴를 했어도 아무런 미련이 없었을 테지요. 생계 유지가 아니라 부자가 되는 것이 목표였다 해도 마찬가지였을 것입니다. 그런데 큰 부자가 된 뒤에도 은퇴하지 않고 계속 일한 것을 보면 돈이나 생계 유지 수단 이외의 다른 동기가 있었을 것입니다. 그것은 아마 '일하는 즐거움'이 아니었을까요?

"아침이 기다려진다. 빨리 해가 떠야 일을 할 수 있으니까."

정주영 회장이 남긴 말입니다. 얼마나 일에 빠져 있었는지를 보여 주는 말이지요. 일이 하고 싶어 동트기를 기다리는 것은 일을 즐긴다는 뜻도 있지만, 일을 통해 느끼는 성취감이 크다는 뜻으로도 해석할 수 있습니다. 곧 일을 통해 무엇인가 이루어 가는 것이 즐거운 것이지요. 저는 어렸을 때 "빨리 아침이 되었으면 좋겠다. 소풍 가는 날이니까."라고 생각하면서 아침을 기다리곤 했습니다. 이때의 설렘이나 정주영 회장의 설렘이나 크게 다르지 않겠지요.

정주영 회장은 우리나라도 유조선을 건조할 수 있다는 것을 증명한 것만으로도 가슴이 뿌듯했을 것입니다. 당시 국내의 조선업 수준은 한참 뒤떨어져 있었습니다. 1960년대에 낙동강을 건너려고 배를 탄 적이 있습니다. 사실 그것을 배라고 불러도 좋을지 모르겠네요. 난간이 전혀 없는 넓은 나무판이었거든요. 사람들은 나무판 위에 앉았고 소는 가운데 서 있었습니다. 강을 오가는 배들도 작고

낡기는 마찬가지였습니다. 이런 현실을 딛고 세계 규모의 조선소를 완공하고 유조선을 건조했으니 성취감은 대단했겠지요. 어찌 보면 돈보다 성취감의 가치가 더 컸을지도 모릅니다. 이처럼 무엇이든 일을 도모하고 추진하여 이룬다는 것은 그 자체로 커다란 기쁨을 줍니다. 이런 기쁨에 돈까지 따라온다면 이보다 좋을 수는 없을 테지요.

다른 예를 들어 볼까요? 자동차 영업사원은 많이 팔아야 살아남을 수 있습니다. 실적이 부진하면 일을 그만두어야 하는 처지에 몰릴 수도 있으므로 먹고살기 위해 열심히 뛸 수밖에 없습니다. 그렇게 경쟁 속에서 일하다 보면 기쁨도 맛볼 수 있습니다. 남보다 좋은 실적을 올리면 쾌감을 느낄 수 있고, 판매 목표를 달성하면 성취감을 느낍니다. 이는 마치 게임을 하는 것과 같습니다. 게임에서 누가 이기고 누가 지느냐를 놓고 치열하게 싸우다 보면, 왜 게임을 시작했는지 잊게 되는 것과 비슷합니다.

목표를 세우면 성취감을 얻는다

커다란 업적을 이루어야만 성취감을 느끼는 것은 아닙니다. 사회적으로 큰 영향력을 끼치는 일도 있지만 그것은 세상 일 가운데 극히 일부에 지나지 않습니다. 사람들은 대부분 하찮아 보이는 자그만 일에서 성취감을 맛보며 살아갑니다. 그러나 보통 사람들의 성

취감이 정주영 회장의 성취감보다 못하다고 할 수는 없습니다.

어떤 사람은 배운 것도, 가진 것도 없어 중국집 배달원부터 안 해 본 일이 없을 만큼 고생을 했습니다. 이 사람 소원은 한 달에 100만 원을 버는 것이었습니다. 그는 노력 끝에 유통업체에 취직하였고, 드디어 월급 100만 원을 받게 되었습니다. 이 사람이 그때 느낀 성취감이 정주영 회장이 조선업에서 이룬 성취감만 못하다고 할 수 있을까요?

또 어떤 사람은 명예퇴직 뒤에 정육점 겸 식당을 차렸습니다. 그러고는 열심히 돈을 벌어 1년 뒤 집을 월세에서 전세로 옮겨 가겠다는 목표를 세웁니다. 1년 뒤 그 목표가 이루어졌다면 그때의 성취감은 또 얼마나 크겠습니까.

라디오에서 단골로 등장하는 청취자 사연 가운데 하나가 "결혼한 지 몇 년 만에 집을 샀다."는 내용입니다. 이사 전날 너무 기쁜 나머지 온 식구가 잠들지 못했다는 내용이 그 뒤를 따르지요. 열심히 일해서 저축하고, 이리저리 알아보고 기다린 뒤에 자기 집을 마련했을 때의 뿌듯함은 그 어떤 성취감에도 뒤지지 않을 것입니다.

성취감의 크기는 일의 크고 작음에 달려 있지 않습니다. 성취감은 자기가 정한 목표를 달성했을 때 느끼는 것으로, 목표가 높은지 낮은지, 사회적 영향이 큰지 적은지 여부는 성취감에서 아무런 차이도 만들지 않습니다. 중요한 것은 일을 하지 않으면 성취가 있을 수 없다는 사실입니다. 아무것도 하지 않는다면 목표가 있을 리 없고, 목표가 없다면 성취도 없을 것이기 때문입니다. 그런데 일을 했지만 성취가 아니라 실패로 끝났다면 어떻게 될까요? 그럴 바에야 차라리 아무것도 하지 않는 게 낫지 않을까요? 이런 질문에 대해 개그맨 이봉원 씨가 이렇게 말했습니다.

"아무것도 하지 않는다면 제로다. 그러나 무엇인가를 하면, 플러스가 되든 마이너스가 되든 좌우지간 무엇인가 될 것이다. 일을 하면 좌절도 있을 수 있지만, 그래도 해야지 무엇인가 이룰 수 있다. 가만히 있으면 아무것도 안 된다."

알려진 대로 이봉원 씨는 손대는 사업마다 실패를 거듭한 사람입니다. 그런 사람의 말이라 더 설득력 있게 들립니다.

마음을 담아 일하면 보람을 얻는다

일을 통해 얻을 수 있는 것 가운데 보람이 있습니다. 보람은 성취와 달리 목표 없이도 느낄 수 있는 것입니다. 성취는 앞에서 본 바와 같이 월 100만 원 벌기, 결혼 10년 안에 내 집 갖기 등 목표가 분명한 경우 얻을 수 있습니다. 이와 달리 보람은 목표의 문제가 아니라 태도의 문제입니다. 특정 목표를 세우고 달성하지 않아도 올바른 태도를 통해 얻을 수 있는 것이지요.

택시 기사를 예로 들어 볼까요? 택시 기사가 자식들을 뒷바라지

그냥 놀고먹으면 안 될까

해서 모두 대학에 보내겠다는 목표를 세웠다고 합시다. 열심히 일해서 뜻하는 바를 이루었다면 성취감을 느끼겠지요. 그런데 직업에서 느끼는 보람은 이와는 다릅니다. 예를 들어, 비 오는 밤 노인이 비를 맞으며 택시를 잡고 있는 경우를 생각해 봅시다. 사실 이런 손님은 택시 기사들이 그리 달가워하지 않습니다. 몸이 비에 젖어 있으니 시트가 젖을 테고, 더구나 노인들은 거동이 불편하여 타고 내리는 데 오래 걸려 성가시거든요. 노인은 이미 택시를 몇 대나 놓쳤을지도 모릅니다. 그때 택시 한 대가 멈추어 서서 노인을 태우고 목적지까지 모셔다 드린다면, 노인은 의당 기사에게 감사를 표할 것입니다. 이럴 때 느끼는 것이 바로 택시 기사로서의 보람이지요.

교사도 마찬가지입니다. 말썽만 부리고 공부에는 통 취미가 없던 학생이 교사의 가르침에 태도를 바꾸어 모범 학생이 되었다면, 이때 교사가 느끼는 감정은 성취감이 아니라 보람입니다.

교사가 학생을 올바르게 이끌거나, 택시 기사가 손님에게 친절을 베푸는 것은 모두 직업인의 본분에 속합니다. 교사는 당연히 학생을 잘 가르쳐야 하고, 택시 기사는 당연히 손님에게 양질의 서비스를 제공해야 합니다. 당연한 일을 하는데도 왜 이런 것들이 보람이 될까요? 그것은 직업인의 본분에 충실하기가 생각만큼 쉽지 않기 때문입니다.

식당은 음식을 제공하고 돈을 받는 곳입니다. 식당 고객들은 맛

있는 음식을 적정 가격에 제공하는 것을 식당의 기본이라 여깁니다. 하지만 맛도 있고 가격도 적당한 식당은 많지 않습니다. 맛에 비해 값이 비싸거나, 값에 비해 음식이 형편없는 경우가 많지요. 그렇더라도 음식이 위생적이라면 그나마 낫습니다. 텔레비전 고발 프로그램에서 심심치 않게 등장하듯이 반찬을 재탕, 삼탕 써먹는 식당이 허다합니다. 중국집의 비위생적인 조리법과 김치의 끝없는 재활용은 경악스러울 정도이지요.

이렇게 식당을 운영해 먹고산다고 해도, 이렇게 돈을 벌어 목표로 하는 큰 집을 산다 해도 과연 보람을 느낄 수 있을까요? 보람은 다른 데서 옵니다. 배고픈 사람에게 정성이 담긴 따뜻한 밥 한 끼를 제공할 때 비로소 식당을 하는 보람을 느낄 수 있겠지요. 무슨 일을 하든 마음을 담아 제대로 하면 보람을 느낄 수 있습니다.

보람은 사람이 살아가는 데 없어서는 안 될 활력소입니다. 옛 소련의 수용소에서 가장 가혹한 벌은 구덩이를 팠다가 도로 메우게 하는 것이었다고 합니다. 하루 종일 구덩이를 파게 한 다음, 저녁에 도로 메우라고 했답니다. 그러면 사람은 정신적으로 지칩니다. 기껏 열심히 했으나 결국 아무것도 이룬 것이 없기 때문입니다. 이것은 성취도 없고 보람도 없는 경우이지요.

성취와 보람 없는 삶은 공허하다

무엇인가 열심히 했으나 성취도 보람도 없다면 사는 것 자체가 힘들어지는 게 인간입니다. 자식의 성공만을 위해 한평생을 바친 부모는 자식이 실패를 하여 좌절에 빠지면 사는 게 힘들어집니다.

성취는 성공할 수도, 실패할 수도 있습니다. 성취를 이루려면 자기 의지만으로는 안 되고 주위의 여건이 받쳐 주어야 하지요. 그러나 보람은 자신의 태도와 마음가짐에 달린 것이라 얼마든지 성공할 수 있습니다. 이 이야기는 3부에서 좀 더 자세히 다루기로 하고, 여기서는 직업을 갖고 일을 해야 성취든 보람이든 느낄 수 있다는 점만 말해 두겠습니다.

남에게 도움이 되고 남을 기쁘게 해 주고, 그래서 자신도 행복해지려면 일을 해야 합니다. 아무런 일도 하지 않고 있는데 행복이나 기쁨이 하늘에서 떨어질 리는 없습니다. 시험을 잘 보면 자신도 기쁘지만 성적표를 보고 기뻐하시는 부모의 얼굴을 보면 더 기뻐지는 것과 마찬가지입니다. 사랑하는 사람에게 전할 선물이라면 살 때도 기분이 좋지만, 선물을 받고 환해지는 얼굴 표정을 보면 기쁨은 두 배가 됩니다.

아무것도 하지 않고 지내면 성취도 보람도 없습니다. 성취나 보람이 없는 삶이라면 공허합니다. 내용 없는 껍데기와 같은 삶이 될 것입니다. 매일매일이 똑같고, 특별히 이루고 싶은 것도 없고 이룬

것도 없으며, 보람을 느낄 계기도 없다면 얼마나 건조한 인생이 되

겠습니까?

4. 일이 가져다주는 변화

일은 성격을 바꾼다

친척 아저씨가 한 분 계십니다. 이 아저씨를 처음 본 것은 중학교 다닐 무렵이었습니다. 저와는 여섯 살밖에 차이가 나지 않지만, 어렸을 때의 여섯 살은 꽤 큰 것입니다. 당시 그 아저씨는 시골에서 농사를 지었습니다. 신체 건장한 청년으로, 농고를 다니면서 농사를 지었지요. 그런데 어느 날 그 아저씨가 군대에 가더니 얼마 뒤에 직업군인이 되어 나타났습니다. 그 아저씨는 이왕 가는 군대, 그냥 장기로 지원했다고 했습니다. 그것도 길거리에 붙은 포스터를 보고 즉석에서 결정한 것이라고 했지요.

저는 아저씨가 공부도 시원찮고 성품도 진중한 편이 아니라서 군대 생활을 잘할 수 있을지 약간 걱정했습니다. 하지만 아저씨는 제 예상과 달리 군대에서 잘 풀렸습니다. 중사에서 준위로 바로 진급하고, 준위로 오랫동안 복무한 뒤에 정년퇴직을 했지요. 그러는 사이 착실히 저축해 집도 사고 땅도 조금 샀습니다. 그런데 무엇보다 놀라운 것은 사람이 변했다는 것입니다. 진중하고 남을 배려할줄 알고 따뜻한 사람으로 바뀌어 있었습니다. 또 배움에 대한 열의도 생겨 불교에 정진했습니다. 군대 생활을 통해 사람이 바뀌고 인생이 바뀐 것입니다. 저는 아저씨가 군대에 가지 않았으면 지금 어떤 모습일까 생각해 본 적이 있습니다. 아마도 지금보다 더 좋을 수는 없을 것이라고 생각합니다.

직업병이라는 말이 있지요. 특정 직업에 오랫동안 종사하다 보면 자기도 모르게 직업의 특성이 몸에 배게 마련입니다. 테니스 코치에게 들은 이야기인데, 레슨을 받으러 온 사람들을 보면 직업을 대충은 알 수 있다고 합니다. 교사나 교수는 어디를 가든 누구를 만나든 가르치려 합니다. 테니스장에서도 마찬가지인데, 코치가 이렇게 치는 것이 좋다고 가르쳐 주면 한두 번 해 보고는 "내가 생각하기에는 이렇게 하는 게 더 좋다."며 자기의 방식을 고집한답니다. 가르치는 데 익숙하기 때문에 자신이 수강생이라는 사실을 잊고 코트에서도 선생이 되려 하는 것입니다.

이런 우스갯소리도 있습니다. 교사, 경찰, 의사가 같이 술을 마시면 누가 돈을 낼까요? 답은 술집 주인이랍니다. 교사, 경찰, 의사 모두 접대를 받는 데 익숙해서 돈을 낼 줄 모르기 때문이랍니다. 물론 풍자하기 위해 지어낸 이야기이지만, 이런 우스갯소리가 회자되는 것은 다시 말해 그 직종에 대해 사람들이 선입견 내지는 편견을 갖고 있음을 보여 줍니다. 은행원은 매사를 계산적으로 따지고 쪼잔하다, 운동하는 사람은 아는 게 별로 없다, 형사는 평소에도 남의 뒷조사에 흥미를 갖는다 등등의 이야기가 떠돌지요. 물론 이는 편견에서 비롯한 것이긴 하지만, 한편으로는 직업이 개인에게 얼마나 큰 영향을 미치는지 말해 주기도 합니다. 군대에 가서 성품이 바뀐 제 아저씨의 사례에서도 알 수 있듯이 사람은 일을 하는 가운데 발전하거나 변해 갑니다.

제 경험을 하나 소개하겠습니다. 저는 철학과 대학원에 진학해 공부를 했는데, 초기만 해도 긴 글을 쓰지 못했습니다. 길어야 A4 용지로 5매 정도를 쓸 수 있을 뿐이었지요. 그런데 박사학위 논문을 쓸 무렵에는 분량이 80매 정도로 늘었습니다. 몇 년에 걸친 수련 과정에서 인내심을 배울 수 있었고, 남의 이야기를 듣는 습관이 생겼으며, 자신의 주장을 어떻게 논리적으로 전개해야 하는지를 배운 덕분입니다. 학위 논문을 쓰는 일은 순간적으로 지나가는 단상들의 스케치가 아닙니다. 그것은 많은 자료를 읽고 분석하고 스스로 사유하며 고민하는 과정이지요. 그리고 자신의 생각을 체계적으로 풀어내는 과정입니다.

그 과정을 거치며 제 성격도 조금씩 바뀌었습니다. 이른바 '호흡'이 길어진 것입니다. 짧은 생각, 단편적인 생각에서 벗어나 좀

성적은 짧고 직업은 길다

더 길게 보기 시작하면서 남에게 조금은 너그러워진 것 같습니다. 돌이켜 보면 논문을 쓰던 시절은 저에게 자기 발전의 시간이었고, 동시에 자기 치료의 시간이었던 듯합니다. 이런 경험은 논문 쓰는 대학원생만이 아니라, 직업을 가진 사람이라면 대부분 겪는 것입니다. 성격이 급하고 다혈질이던 사람도 영업직에서 몇 년 동안 열심히 일하다 보면 많이 둥글어지는 모습을 볼 수 있습니다. 성질 부려 봤자 영업에는 전혀 도움이 되지 않을뿐더러 오히려 손해만 본다는 것을 체험으로 통해 알게 되었을 테니까요.

일은 타인과 접촉하게 한다

집에서 노는 사람은 좀처럼 밖에 나갈 일이 없으니 보통 잘 씻지 않습니다. 집에서 가장 편한 차림으로 이리 뒹굴 저리 뒹굴 하면서 시간을 보내다 보면 사회와의 접촉은 점점 더 없어집니다. 사회와 접촉하는 기회가 적어질수록 사람은 자신이 누구인지 알기 어려워집니다. 왜냐하면 자신이 어떤 인간인지는 사람들과 접촉하고 교류하는 가운데 알 수 있기 때문입니다. 거울을 떠올려 보십시오. 거울을 보면 자기 얼굴이 보이지요. 하지만 그것은 허상일 뿐입니다. 자기 맨얼굴을 스스로는 볼 수가 없습니다. 남이 보고 이야기를 해 주어야 비로소 자기 얼굴이 어떤지 알 수가 있습니다.

이런 이야기를 들은 적이 있습니다. 어떤 여성이 대학에 가기 전

까지는 정말로 자신이 예쁘다고 여겼답니다. 식구들이 언제나 예쁘다고 말해 주었고, 학교에서는 선생님이나 친구들에게 못생겼다는 말을 들은 적이 없었으니까요. 곧 진정한 의미의 타인을 만날 기회가 없었던 것입니다. 그러다 대학에 가서 비로소 성인이자 타인인 사람들을 만나게 되었습니다. 미팅도 나가고, 동아리에도 참여하고, 그 밖의 만남도 많이 있습니다. 이렇게 타인과 접촉하면서 그제야 객관적인 자신의 모습을 알게 되었다고 합니다. 이런 경우는 우리 주위에 의외로 많습니다. 사람은 타인과 접촉하지 않고는 자신의 외모나 성격을 제대로 알 수가 없습니다. 따라서 자신을 알기 위해서는 남과 접촉해야 합니다. 일이 그런 역할을 해 줍니다.

일은 자신을 발견하게 한다

일을 한다는 것이 단순히 타인과의 접촉을 뜻하는 것은 아닙니다. 일은 더 크고 본질적인 것을 선사해 줍니다. 그것은 바로 자신의 발견과 발전이라는 선물입니다.

앞에서 말했듯이 저는 학위 과정을 밟는 과정에서 인내심을 배웠습니다. 그리고 책을 쓰는 것을 직업으로 삼은 지 십 년 가까이 되어서야 제 자신을 알게 되었습니다. 곧 제 자신이 사교적이지 않으며, 조직 생활에 어울리지 않는 사람이라는 것을 알게 되었고, 있는 재주라고는 글을 쓰는 것뿐이라는 사실을 깨달았습니다. 글 중에서도 단행본을 쓰는 데 그나마 소질이 있을 뿐, 신문 칼럼이나 잡지에 기고하는 짧은 글에는 재주가 없다는 것도 알게 되었습니다. 또 제 성격이 공격적이고 냉소적이라는 것도 일을 하며 깨닫게 되었습니다. 고치려 노력하고는 있지만 쉽지는 않네요. 세상 밖에서 아웃사이더로 살 때는 제 머릿속에 온 세상이 담긴 줄 알았습니다. 그런데 세상 안에 들어와 일을 하다 보니 제 자신이 어떤 인간인지가 또렷해지더군요.

"나는 내가 생각하는 내가 아니고, 세상이 생각하는 나도 내가 아니다."라는 말이 있습니다. 어려서는 물론이고 나이가 들어서도 자신이 어떤 사람인지 잘 모르는 경우는 흔합니다. 어렸을 때 스스로 노래를 잘 부른다 생각하고 가수가 되겠다 결심하는 사람들이 꽤 있습니다. 자신감을 가지고 오디션을 보러 가 보면, 그제야 세상에는 자기보다 잘 부르는 사람이 엄청나게 많다는 것을 깨닫습니다. 운이 좋아 가수가 되었다고 해도 인기 가수로 이름을 날리는 일은 결코 쉽지 않습니다. 운이 정말 좋아서 인기 가수가 되었다고 해도 이름을 오래오래 남길 만한 가수가 되는 것은 하늘의 별을 따는 것만큼 어렵습니다.

사람은 직접 부딪쳐 보는 과정을 통해 자신을 알아 가고, 그에 따라 자기에게 부족한 점을 메우면서 발전합니다. 만일 아무 일도 하지 않는다면 자신이 누구인지 어떤 사람인지 결코 알 수 없을 것입니다. 알 수 없다면 발전도 없을 테고요.

자기 자신은 본인이 가장 잘 안다고 생각하는 사람들이 있습니다. 정말 그럴까요? 진지하게 직업에 종사해 보지 않으면 자신을 알 길이 없습니다. 이곳저곳 기웃거리고 이것저것 해 보다가 끝내 자신이 무엇에 소질이 있는지 알지 못한 채 인생을 보내는 사람들이 많습니다. 한마디로 뜬구름 잡는 사람들도 많다는 것입니다. 아무리 봐도 가능성이 없는데 평생 국회의원에 입후보하는 경우도 이에 속하겠지요. 이런 부류의 사람들은 세상 사람들이 생각하는 자신의 모습을 전혀 모릅니다.

일은 자신을 발전시킨다

일을 하게 되면 도전을 피할 수 없고, 따라서 자신을 알게 되고 발전시킬 수 있습니다. 회사에 들어가면 처음에는 주로 시키는 일을 하는데, 입사 초기는 회사원으로 사는 것이 과연 나에게 맞는지 검증할 수 있는 기회입니다. 매일 같은 시각에 일어나서 출근하고, 하루 종일 근무를 하다가 때때로 야근이나 회식도 하고, 또 그 다음 날 같은 시각에 일어나 출근하는 나날들을 견딜 만한가를 가늠하는 것이지요. 사소해 보이지만 이런 것도 하나의 도전이고 시험입니다.

그리고 진급을 할수록 업무 자체가 도전이 됩니다. 점점 더 중요한 사안에 대해 결정을 내려야 하고 그만큼 책임도 커집니다. 이제는 시키는 일을 하는 것이 아니라 일을 시켜야 하는 입장이 됩니다. 새로운 프로젝트를 입안해야 하고, 또 책임을 지고 끌고 나아가야 합니다. 이런 도전들은 어려움을 안겨 주기도 하지만 다른 한편 기회를 주기도 합니다. 즉, 도전을 통해 자신의 능력과 의지, 뜻하는 바를 속속들이 알게 됩니다. "내가 이 일을 왜 하려 하는가?" "이 일을 해낼 능력이 나에게 있을까?" 등등 생각해야 할 것이 많아지고 할 일 또한 많아집니다. 도전을 통해 자신이 사장까지 할 만한 그릇인지, 아니면 과장까지만 하고 나가서 다른 일을 알아봐야 하는지, 아니면 완전히 다른 분야의 공부를 새로 시작해야 할 사람인지 등등을 알 수 있습니다.

생각만으로는 자신을 알 수 없습니다. 무슨 일이든 해 봐야 알 수 있습니다. 영화배우, 참 멋있지요. 레드카펫 위에서 포즈를 잡는 모습을 보며 부럽다는 생각들을 많이 할 겁니다. 하지만 배우로 사는 것이 마냥 화려하고 행복한 것은 아닙니다. 영화 출연을 위해 제작자나 감독에게 잘 보여야 하지요, 몸과 얼굴을 가꾸는 일도 게을리 하면 안 됩니다. 영화 찍는 일도 쉽지만은 않습니다. 추운 겨울날 강물 속에 몇 번이고 뛰어들어야 하는 일도 있고, 때로는 한여름에 겨울옷을 입고 몇 시간씩 촬영해야 하기도 합니다.

영화배우뿐이 아닙니다. 어떤 직업이든 그 이면을 들춰 보면 생각했던 것과는 다른 면이 존재하게 마련입니다. 회사 안에서 큰소

리치던 사장님도 거래처에 가면 비굴할 만큼 납작하게 자세를 낮춥니다. 학부모에게 인사 받는 자리에 있는 교사도, 자기 자식의 학교에 가서는 여느 학부모와 다름없이 담임 선생님에게 잘 부탁한다고 고개를 숙입니다. 시민들 앞에서 목에 힘을 주던 경찰관도 상급자에게는 아주 깍듯하게 행동합니다.

일을 통해 사람들은 이런저런 것들을 경험하고, 도전에 맞서야 합니다. 일을 통해 자신을 알아 가고, 그것을 바탕으로 더 나은 인간으로 발전해 갑니다. 일을 하지 않는다면 그런 기회를 얻을 수 없습니다.

5. 일해야 인간이다

일에서 인생의 의미를 찾는다

누구든, 어떤 직업이든 그 일을 택할 때는 이유가 있습니다. 앞에서 말한 생계 유지, 성취와 보람, 자신의 발전 등이 그 이유들입니다. 이런 이유들은 거의 모든 사람에게 적용되는 보편적 이유라할 수 있습니다.

그런데 직업을 택하는 데는 이런 보편적 이유 말고 아주 개인적인 이유도 크게 작용합니다. 바로 '개인의 의미 추구'입니다. 사람은 의미를 좇아서 살아갑니다. 세상에는 참으로 많은 종류의 인생이 있는데, 결국은 의미를 추구한다는 공통점이 있습니다. 직업을 가지고 일을 하는 것도 결국 자신의 의미를 추구하기 위한 것입니다.

히말라야를 오르는 사람들이 있습니다. 춥고 위험하고 돈도 많이 들고 훈련 과정도 고됩니다. 그렇게 애써서 올라갔다가는 곧바로 내려오고 맙니다. 그럴 것을 뭐 하러 오르려고 그토록 애쓸까요? 산악인들은 몇 년씩 준비를 해서 산에 오르고, 내려오면 또 다른 산을 오르려 계획을 세웁니다. 이런 사람들에게 산은 존재 자체를 뜻합니다. 산에 올라야 사는 것 같고 살아 있음을 느끼는 것이지요.

그런가 하면 어떤 사람은 회사 최고경영자가 되기 위해 밤낮을 가리지 않고 일합니다. 최고경영자가 되는 것이 인생의 목표라서 하루하루의 모든 삶이 그것을 중심으로 돌아갑니다. 아이들 입학식도 회사일 때문에 못 가고, 생일에도 밤 늦게야 퇴근을 합니다. 너무 지나친 것 아니냐고, 그렇게 살면 안 된다고 말할 수도 있겠지만 이런 사람에게 회사를 그만두라 하는 것은 인생을 끝내라는 말과도 같습니다.

히말라야에 오르는 사람에게도 생계 유지, 성취와 보람, 자신의 발전 등이 동기로 작용할 수 있습니다. 하지만 그냥 산이 좋다, 산에 오를 때 살아 있음을 느낀다는 개인의 의미 추구가 훨씬 더 큰 비중을 차지합니다. 왜냐하면 생계 유지, 성취와 보람, 자신의 발전을 위해서라면 산이 아니라 다른 직업을 택할 수도 있었을 것이기 때문입니다. "왜 하필이면 산인가?"라는 질문에 답하려면 역시 개인적인 이유를 댈 수밖에 없을 것 같습니다.

인생의 의미는 스스로 선택한다

의미는 개인이 선택합니다. 앞서 왜 직업 선택이 어려운가를 자세히 살펴보았지만, 그래도 결국에는 자신이 직업을 선택해야 합니다. 이때 자신이 인생에서 추구하려는 바가 무엇인지가 선택에 결정적 영향을 끼칩니다. "무엇을 위해 직업을 택하려 하는가?" "이 일을 하면 내가 원하는 바를 얻을 수 있을까?"와 같은 질문들을 피해 갈 수 없는 것입니다.

그런데 문제는 앞서 말한 대로 자신이 원하는 것을 잘 알지 못하고 또 알기도 어렵다는 데 있습니다. 여기에서는 인생에서 무엇인가 나름의 의미를 추구하느냐를 말해 보겠습니다. 곧 "원하는 것이 무엇인지 아는가?"가 아니라 "도대체 인생에 의미라는 것이 있는가?"에서 시작해 보자는 것입니다.

인생에 의미가 있다고 생각은 하지만 아직은 알지 못하고 있다는 입장과, 인생에 의미 같은 것은 없다는 입장은 분명히 다릅니다. 무엇인지는 몰라도 의미가 있다고 여기는 입장이 있는가 하면, 인생에 의미 같은 것은 없고 그저 하루하루가 있을 뿐이라고 여길 수도 있습니다. 그리고 인생의 의미 같은 것에는 관심이 없다는 입장도 가능하지요. 즉, 인생의 의미를 둘러싸고 다음의 세 가지 입장이 존재합니다.

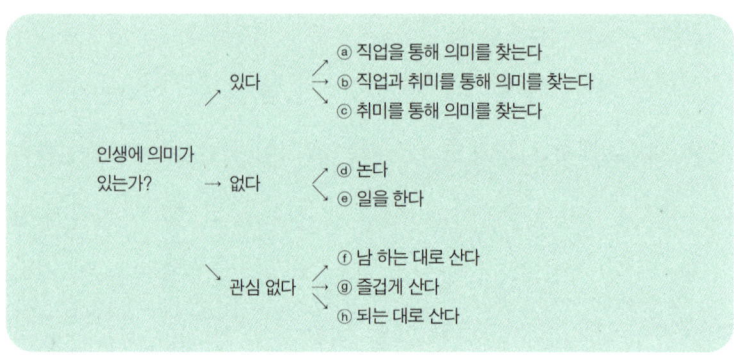

ⓐ는 인생의 의미를 인정하고 직업을 통해 그 의미를 실현하는
사람입니다. 보통 훌륭한 일을 많이 하지요. 어떤 의사는 인생의 의
미를 봉사에 두고, 아프리카에서 30년 넘게 의료 봉사를 실천했습
니다. 캄보디아에서 의료 봉사를 하는 한국인 부부의 이야기도 텔
레비전에서 본 적이 있습니다. 의사들에게 낯설지 않은 유형이지
만, 특별한 기술을 지닌 사람들만 이런 유형에 속하는 것은 물론 아
닙니다.

환경미화원이라면 거리를 깨끗이 청소해 사람들에게 상쾌함을
주는 보람으로 살고, 설렁탕집 주인이라면 싼 가격에 맛있는 음식
을 공급함으로써 사람들이 즐거워하는 모습을 보는 낙으로 삽니다.
인생의 의미는 각자 다르겠지만 그 의미가 어떤 것이든 직업을 통
해 구현하는 것이 가장 일반적인 직업상이라고 할 수 있겠습니다.

ⓑ는 생계 유지를 위해 직업을 갖고 있지만 그것이 인생의 의미

와는 별 관계가 없다고 여깁니다. 대신 취미를 통해 인생의 의미를 실현하는 경우입니다. 예전에 재미있는 구두닦이를 본 적이 있습니다. 그 사람은 토요일에는 구두를 닦지 않았습니다. 토요일에는 윈드서핑을 하러 가야 하기 때문이라고 했지요. 아니, 구두닦이가 윈드서핑을! 지금이야 그럴 수 있다 해도 예전에는 상상하기 힘든 일이었습니다. 이 사람은 취미 생활인 윈드서핑에서 인생의 의미를 찾았던 것입니다.

생업이 있지만 취미를 통해 사는 맛을 찾는 사람들은 의외로 많습니다. 낮에는 묵묵하고 착실한 은행원으로 지내다가 밤이 되면 클럽에서 드럼을 두드리면서 인생을 누리는 사람이 그런 경우이지요. 직장에 다니느라 바쁜 가운데에서도 일 년 내내 스키 탈 준비에 몰두하는 사람도 있습니다. 그 사람은 겨울이 아닐 때는 산악자전거를 탑니다. 그렇게 다리 근육을 단련시키다가 스키 시즌이 시작되면 주말에는 스키장에서 살다시피 하지요. 스키 타는 모습을 찍어서 자세를 분석하고, 때때로 스키 티러 기꺼운 일본에 가기도 합니다. 한마디로 스키를 타기 위해 직장을 다닌다 할 수 있습니다.

ⓒ는 생업을 갖지 않고 취미를 통해 인생을 발견하고 의미를 찾는 유형입니다. 보통은 어느 정도 직장 생활을 한 뒤 자신이 원하는 일을 찾아 하는 사람들이지요. 어떤 사람은 공무원으로 일하다 정년퇴직을 한 뒤에 사진작가가 되었습니다. 그는 공무원 일이 적성

에는 맞지 않았지만 식구들을 부양하기 위해 묵묵히 정년까지 일했습니다. 퇴직한 뒤 생활은 연금 등으로 해결하고 비로소 자신이 정말로 하고 싶던 사진을 찍으러 다니는 것입니다. 이런 유형의 특징은 ⓑ와는 달리 직장 생활을 할 때는 취미 생활을 적극적으로 하지 않는다는 것입니다. 마음속에 묻어 두고 소극적인 관심만 표할 뿐, 취미 생활을 하기 위해 직업을 유지하고 있다는 인상을 주지 않습니다.

퇴직하지 않고도 취미를 통해 인생의 의미를 찾는 사람들이 있습니다. 취미와 생업이 일치하는 경우이지요. 예를 들어 여행하는 것을 좋아해서 여행을 할 때 자신이 살아 있음을 느끼는 사람이 여행가이드로 일하는 경우입니다. 생업을 위해 여행가이드라는 직업을 택함으로써 취미와 생업을 일치시킨 것입니다. 경제적으로 넉넉하지 않은 경우가 많지만 만족도는 높은 편입니다.

ⓓ와 ⓔ는 인생에 의미가 없다고 여기는 유형입니다. 이런 입장을 허무주의라고 할 수도 있는데, 이들은 특정한 가치에 인생을 걸지 않습니다. 무엇을 위해 살지 않으며, 죽으면 그뿐이라고 생각하기에 살았던 흔적을 남기지 않는 것이 옳다고 믿습니다. 그렇다면 이들은 아무런 의미도 없는 인생을 어떻게 살아갈까요? 두 가지 중 하나입니다. 하나는 노는 것입니다. "일하면 뭐 하나, 남에게 봉사하면 뭐 하나, 그냥 재미있게 놀자." 이렇게 생각할 수 있습니다. 그

러나 생각은 가능해도 실제로 놀면서 살기는 어렵습니다. 왜 놀며 사는 것이 어려운지는 이미 말했지요. 인생에 의미가 없다고 생각하더라도 자살과 같은 극단적 방법을 택하지 않는 이상 평생 노는 것은 아마 불가능할 것입니다. 매일매일을 무엇을 하며 놀 것이며, 재미가 없어지면 어떻게 하겠습니까. 따라서 인생에 의미는 없다고 생각하면서도 대부분은 일을 합니다. 열심히 일을 합니다. 가끔 보람도 느끼고 성취감도 얻지만, 근본적으로 인생에 의미가 없다고 여기므로 담담하게 살아갑니다.

ⓕ, ⓖ, ⓗ는 모두 인생에 의미가 있느냐, 없느냐에 관심이 없습니다. 앞의 ⓓ와 ⓔ는 고민을 많이 한 뒤에 인생에는 의미가 없다는 결론에 이른 사람들의 이야기입니다. "인생에는 의미가 있을까, 아니면 인생이란 무의미한 것일까?" 이런 문제로 씨름하는 사람들은 ⓐ에서 ⓔ까지에 해당됩니다. 그런데 ⓕ, ⓖ, ⓗ는 애당초 그런 문제로 고민해 본 적이 없는 유형입니다. "인생에 의미가 있냐고? 그런 것 따위에는 관심 없어." 이것으로 끝입니다. 그렇다고 해서 열심히 살지 않는다든지 고민이 없다는 말은 아닙니다. 다만 관심이 없을 뿐이지요.

이런 유형은 셋으로 나눌 수 있는데, 우선 남 하는 대로 사는 ⓕ가 있습니다. 인생이란 평범하게 사는 게 가장 좋다고 여기는 유형이지요. 남들 결혼할 때 결혼하고, 남들 취직할 때 취직하는 등 남들 사는 것처럼 사는 것이 속 편하다고 여기는 유형입니다. 직업도 특별히 어떤 것을 고집하지 않습니다. 남들이 좋다고 하는 것을 능력과 기회가 되면 하고, 안 되면 자신에게 맞는 것을 합니다. 특별히 불만을 갖거나 하지 않는 장점이 있습니다. 될 수 있는 한 골치 아픈 일은 피하려 하지요.

즐겁게 살고자 하는 ⑧는 골치 아픈 것을 피하려 하는 점에서는 ⑥와 비슷하지만, 더 적극적으로 인생의 즐거움을 추구하는 타입입니다. 인생의 의미에는 관심이 없기 때문에 특정한 의미를 추구하기보다는 그때그때를 최대한 즐겁게 살려 합니다. 따라서 하나의 직업을 고집하지 않고 자유롭고 유목적인 직업을 택하려 합니다. 승진 못 한다고 해서 좌절하지도 않고 전직한다고 해서 불안해하지도 않습니다. 자신이 즐거우면 그만이니까요. 요새 이런 유형에 속하는 사람이 점차 늘고 있습니다.

인생의 의미에 관심이 있든 없든 되는 대로 사는 유형인 ⑥는 그리 많지 않습니다. 왜냐하면 되는 대로 사는 것은 엄청난 내공을 필요로 하거나, 아니면 인생의 막다른 골목에 몰렸을 때나 가능하기 때문입니다. 쉽게 말해서 모든 것에 초연한 도사 또는 거지가 되어야 되는 대로 사는 인생이 가능할 것입니다. 이런 경우라면 직업이라는 것도 큰 의미를 지니지 못합니다. 직업이 있든 없든 어떤 직업을 택하든 말든 별로 영향을 끼치지 않기 때문입니다.

성적은 짧고 직업은 길다
•
120

인생의 의미에 대해 어떤 입장을 취하느냐에 따라 직업 선택이 영향을 받습니다. 의미가 있다고 생각하는 경우는 다시 어떤 식으로 의미를 추구할 것인가에 따라 갈라지며, 없다고 생각해도 역시 선택지가 있습니다. 의미 같은 것에 관심이 없다 해도 선택지가 있습니다.

인생관에 따라 직업 선택이 달라진다

인생을 사는 데는 여러 가지가 필요합니다. 친구, 가족, 직업, 국가, 건강, 의지, 사랑, 호기심, 배려, 라면, 멋진 티셔츠, 아파트 등등. 너무나 많은 것이 사는 데 필요하지요. 직업은 그 가운데 하나일 뿐이지만, 그 비중이 무척 큽니다. 직업 선택과 인생관은 밀접한 관련이 있음에도 불구하고 그동안 소홀히 다루어져 왔습니다. 직업을 선택하는 데 적성, 능력, 환경 등도 중요하지만 인생관도 그에 못지않게 중요합니다. 어떤 일을 하고 싶은지를 알고 실행에 옮기는 것이 중요하다는 것은 누말할 필요도 없습니다. 하지만 왜 그 일을 하고 싶은지, 그 일이 자신에게 무슨 의미가 있는지 등을 생각해보지 않으면 안 됩니다. 직업도 크게 보면 결국 인생의 한 부분이기 때문입니다.

어떤 직업을 택할 것인가는 인생관이 무엇이냐에 크게 영향을 받습니다. 신에게 바치는 인생을 살 것인가, 자신의 즐거움을 위한

그냥 놀고먹으면 안 될까

인생을 살 것인가, 국가 발전을 개인보다 우선하는 삶을 살 것인가, 가족의 행복을 위해 살 것인가 등을 생각해야 합니다. 그리고 실제로 자신도 모르는 사이 이 틀 안에서 직업을 택하는 경우가 많습니다. 예를 들어 의사가 되겠다고 결심하기 이전에 어떤 인생을 살겠다는 결심이 있어야 합니다. 왜 의사가 되려고 하는가? 의사가 되어 결국 무엇을 하려고 하는가? 의사가 되면 과연 내가 원하는 인생이 될 수 있는가? 이런 질문을 피할 수 없습니다. 왜냐하면 사람은 근본적으로 의미를 추구하기 때문입니다. 무의미가 의미일 수도 있고, 의미에 관심이 없을 수도 있지만, 그 모두 의미라는 테두리 안에 있습니다.

사실 학창 시절에는 '왜 사는가'를 제대로 생각해 볼 겨를이 없습니다. 그보다는 '어떻게 시간을 잘 운용하느냐'가 더 중요하기 때문입니다. 코앞에 중간고사가 있고, 눈앞에 대학 입시가 있는데 한가하게 왜 사느냐를 곰곰이 생각할 틈이 없는 것이지요. 그런데 이런 사정은 대학에 들어가도 별로 달라지지 않습니다. 입시보다 무서운 취업이 기다리고 있으니까요. 영어 공부다, 전공이다, 취업 준비다 바쁘기는 매한가지입니다. 여전히 '왜'보다는 '어떻게'가 시급한 문제입니다. 이런 가운데 직업을 선택하므로 제대로 된, 자신에게 맞는 직업을 택하기가 쉽지 않습니다.

왜 사는지, 자신이 원하는 인생이 무엇인지를 어느 정도 알고 직업을 정해야 실패할 확률이 줄어드는데, 지금 젊은이들이 처해 있는 상황은 전혀 그렇지 못합니다. 직업이 인생의 의미를 추구하는 데 중요하고, 직업을 통해 인생의 의미를 찾을 수 있다는 것이 옳다면 지금부터라도 왜 사는지, 어떤 인생을 원하는지를 짬 나는 대로 진지하게 생각해 보아야 합니다.

"그러니까 사람은 일을 해야 의미 있게 살 수 있다는 말씀이시죠? 하지만 여전히 어려워요. 아무 일이나 한다고 의미 있고, 제가 행복해질 것 같지는 않아요. 기왕 할 것, 성공적으로 해 보고 싶어요. 어떻게 해야 직업 속에서 스스로 만족을 얻을 수 있을까요?"

1. 괴리를 인정하고 받아들이자

세상은 불평등하다

고등학교에 들어간 뒤로 심한 열등감에 빠진 나머지, 심각하게 자퇴를 고려했다는 학생이 있습니다. 그 학생은 중학교까지 꽤 좋은 성적을 유지했다고 합니다. 그러나 고등학교에 입학해서 치른 첫 시험에서 중간 정도의 성적을 얻었고, 그 뒤로 자신감을 잃고 말았습니다. 하지만 이것은 시작에 불과했습니다. 같은 반 친구들을 보니 공부도 잘하고 노래도 잘 부르고 심지어 운동까지 잘하는, 이른바 만능인 친구들이 여럿 있었습니다. 그런 친구들은 거의 다 집안이 좋았습니다. 부자인 데다가 부모의 사회적 지위도 높았습니다. 여기까지는 어떻게든 참을 수 있을 것 같았습니다. 그런데 그런 친구들이 키 크고 훤하게 잘생긴 데다가 성격까지 좋은 것은 견디기 어려웠습니다. 차라리 안 보고 사는 게 낫겠다는 결론에 이르러서 자퇴를 생각한 것입니다.

이런 일은 학교뿐 아니라 어디에서든 찾아볼 수 있습니다. 얼굴도 예쁘고, 공부도 잘하고, 집안도 좋고, 성격도 원만하며 겸손하기까지 한 여자를 보면 같은 여자로서 강한 질투심이 일겠지요. 모든 것을 갖춘 사람이 분명 있는데도 학교나 방송, 신문 등에서는 인간은 평등하다고, 누구에게나 성공의 길이 열려 있다고 말합니다. 외모와 배경 따위는 별것 아니라는 식으로 이야기하지요.

과연 그럴까요? 절대 그렇지 않습니다. 잘생긴 사람은 세상에서 대접받고, 성공할 확률이 못생긴 사람보다 훨씬 높습니다. 현실이 그러하니 너도나도 성형을 해서라도 잘생겨지려는 것 아니겠습니까. 배경도 마찬가지입니다. 부모가 부자이면 자식들이 좋은 교육을 받을 기회가 많은 것이 사실입니다.

우선 세상이 불평등하다는 것을 받아들이는 데서 생각을 시작해야 합니다. 모든 사람은 태어날 때부터 다른 조건에서 출발합니다. 어떤 사람은 인자한 부모 밑에서 태어나지만, 어떤 사람은 폭력을 일삼는 부모 밑에서 태어납니다. 어떤 사람은 태어날 때부터 머리가 좋은 반면, 어떤 사람은 지능이 낮습니다. 이것이 세상의 모습입니다. 우선 이 모습을 인정해야 대책을 세울 수 있습니다. 저마다 능력이 다르고, 처해 있는 환경이 다르다는 것을 인정하지 않는다면 행복해지는 법을 배우기 어렵습니다.

일등은 한 명뿐이다

능력을 재는 대표적 잣대인 성적을 예로 들어 볼까요? 「행복은 성적순이 아니잖아요」(1989년)라는 영화가 있습니다. 제목에서 짐작할 수 있듯이 시험 성적으로 학생들을 줄 세우는 현실을 비판하는 내용이지요. 이 영화는 개봉 당시 사회에 큰 반향을 불러일으켰습니다. 영화가 나온 지 20년이 지난 지금도 상황은 달라지지 않았습니다. 사회는 성적순으로 행복을 가늠하고 있으며, 그에 대한 비판도 계속되고 있습니다. 2008년부터 시행되고 있는 국가수준 학업성취도 평가(이른바 일제고사)를 거부하는 것도 이런 비판과 맞닿아 있습니다.

하지만 아무리 학교에서 시험에 따른 줄서기를 거부한다고 해도, 사회에 나오면 또 다시 시험 성적순에 따라 줄을 서야 합니다. 현대 사회는 능력대로 사는 것이 기본입니다. 직장에 들어가려면 입사 시험을 봐야 하고, 입사한 뒤에도 자신의 능력을 증명하지 못하면 승진을 못 합니다. 능력이 뒤떨어져서 결국 직장을 잃고 마는 일도 흔합니다. 우리는 외모, 집안, 심지어 아부조차 능력에 포함되는 세상에 살고 있습니다.

경쟁을 피할 수 있는 사회는 없을 것입니다. 경쟁제일주의 속에서 승리자는 극소수에 불과합니다. 회사에 입사 동기가 100명이 있다고 해 봅시다. 100명이 같은 위치에서 동시에 출발하지요. 그러

나 그 가운데 임원까지 오를 수 있는 사람은 몇 되지 않을 것이며, 사장은 단 한 명도 나오지 않을 가능성이 높습니다.

그렇다면 경쟁에서 살아남는 것, 즉 사장이 되는 것이 목표라면 입사 동기 대부분은 목표를 이루지 못하고 불행해질 것입니다. 이것이 현실입니다. 이를 두고 "경쟁은 비인간적이니까 경쟁을 거부하고 인간적으로 살아야 한다."고 주장한다면 얼마나 설득력을 얻을 수 있을까요?

학교에서도 마찬가지입니다. 보통의 고등학교에서 한 해에 소위 일류대학에 진학하는 학생은 얼마 되지 않습니다. 그렇다면 일류대학에 가지 못한 학생들은 패자일까요? 그리고 패자는 실패를 맛보고 불행해져야 하는 것일까요? 그렇다면 줄서기를 강요하는 내신이나 수능은 폐지되어야 할까요? 그보다는 아예 대학의 서열을 없애는 것이 더 효과적일지 모릅니다. 더 나아가 공무원 시험도 없애고 대기업 입사 시험도 없애면 더더욱 효과적일 테지요. 그러나 지금의 사회 체제 안에서는 불가능한 일입니다.

사회는 경쟁의 원리에 따라 움직이는데, 모두가 일등을 할 수 없다는 것이 갈등을 불러옵니다. 대다수가 경쟁에서 일등을 할 수 없는 것이 현실이라면, 그것을 인정한 뒤에 대다수가 행복해질 수 있는 길을 찾아야만 합니다.

괴리를 인정해야 행복해진다

행복해질 수 있는 길의 첫 단계는 희망과 능력 사이, 능력과 성취 사이에 괴리가 있음을 받아들이는 것입니다.

축구를 잘하는 사람이 있습니다. 그의 꿈은 영국 프리미어리그에서 뛰는 것이었습니다. 어려서부터 축구에 재능이 있다는 말을 계속 들으며 자랐습니다. 특기생으로 고등학교에 가고 대표 선수로도 뽑혔습니다. 꿈은 무럭무럭 자랍니다. 조금만 더 노력하면 국가대표가 되고, 그 다음에는 꿈에 그리던 프리미어리그로 갈 수 있을 것 같았습니다. 하지만 거기까지였습니다. 케이리그에 데뷔는 했으나 2년 동안 별로 빛을 보지 못했습니다. 그러고는 일반병으로 입대했고, 그 뒤로 축구와 인연을 이어 가기는 힘들었습니다. 제대후에는 자동차 대리점에 들어가 영업사원으로 뛰고 있습니다.

실제로 있었던 일은 아니고 여러 가지 사례를 종합해 만든 이야기이지만 이와 비슷한 일은 얼마든지 있습니다. 하고 싶은 일이 있어도 능력이 부족해서 이루지 못하는 경우는 수없이 많지요. "어렸을 때야 다 대통령이 꿈이지."라는 말에는 그런 아쉬움이 배어 있습니다.

희망과 성취 사이에는 여러 가지 장벽이 있습니다. 우선 능력이 가로막고 있습니다. 100미터 달리기로 올림픽 금메달을 따고 싶은데 기록이 14초대라면 어떨까요? 노력으로 극복할 수 있는 정도를

넘어선 것이지요. 그런데 능력이란 말은 모호한 구석이 있으므로 조금 더 자세히 뜯어 보겠습니다.

능력은 적성, 환경, 노력, 성격으로 이루어진다

저는 능력이 네 가지로 구성되어 있다고 봅니다. 적성, 환경, 노력, 성격이 그것입니다. 물론 노력을 하는 자세가 성격에 포함된다고 할 수도 있겠으나, 여기에서는 노력을 좁은 의미로 사용하겠습니다. 적성에 관해서는 이미 1부에서 다루었으므로, 여기서는 환경부터 살펴보겠습니다.

환경은 부모를 비롯한 가족 환경부터 사는 동네, 친척 등의 인맥, 시대 환경 따위를 가리킵니다. 운동선수들을 보면 시대 환경이 얼마나 중요한지 알 수 있습니다. 1970년대 우리나라에서는 고교 야구가 큰 인기를 끌었고, 뛰어난 기량을 갖추고 맹활약한 선수들이 여럿 있었습니다. 지금의 미국 메이저리그에 갈 수 있을 만큼 뛰어난 선수들도 있었습니다. 그러나 그 시대에 한국 선수가 미국 야구계로 진출한다는 것은 거의 불가능했습니다. 박지성 선수가 영국 프리미어리그에서 뛸 수 있게 된 것도 시대 배경과 맞물려 봐야 합니다. 물론 본인의 노력도 컸겠지만, 지금 시대가 박지성 선수의 영국 진출을 크게 도운 것도 사실입니다. 그런데 환경은 자신이 선택할 수가 없습니다.

다음으로 노력을 살펴볼까요? 성적이 변변찮은 자식을 둔 부모들이 즐겨 하는 말이 있습니다.

"우리 애는 머리는 좋은데 노력을 안 해."

이 말 속에는 머리 좋은 것은 능력이고, 노력하는 것은 능력이 아니라는 생각이 숨어 있습니다. 그러나 노력을 하는 것도 실력이자 능력입니다. 축구 선수들을 보면 적성에도 딱 맞고 환경도 잘 받쳐 주고 있지만 노력을 안 해서 결국 '게으른 천재'로 사라지는 이들이 심심찮게 있습니다. 축구뿐이 아닙니다. 어떤 분야에서든 재주를 지니고도 노력을 하지 않아 대성하지 못한 사람의 이야기를 들을 수 있습니다. 노력도 능력의 한 가지이므로 노력하지 않는 것이나 적성에 맞지 않는 것이나 크게 다르지 않습니다.

적성에 맞고, 환경도 뒷받침해 주고, 본인이 열심히 노력을 하지만 성격 탓에 성공하지 못하는 경우도 많습니다. 독불장군이라 사람들과 잘 어울리지 못하거나, 잘난 체를 곧잘 해서 미움을 사는 사람들이 그렇지요. 이럴 때면 사람들은 "저 사람은 능력은 있는데 성격이 문제야."라고들 이야기합니다. 능력과 성격을 별개로 보는 것입니다. 하지만 성격도 능력의 한 부분입니다. 성취를 하려면 그에 맞는 성격도 갖추어야 합니다.

화가가 되고 싶다면 우선 그림을 그리는 데 소질이 있어야 합니다. 그 다음으로 화가 훈련을 받을 수 있는 환경에 놓여 있어야 할

것입니다. 식구들이 지지해 주고 좋은 스승을 만난다면 훨씬 유리한 환경이 되겠지요. 그러나 이렇게 적성도 맞고 환경도 갖추어져 있다 해도 본인이 노력하지 않으면 그것으로 끝입니다. 더는 진보가 없기 때문입니다. 여기에 덧붙여 불굴의 투지와 같은 성격을 갖추어야 합니다. 자신만의 예술 세계에 대한 자부심과 함께, 어떤 고난이라도 헤쳐 나가겠다는 투지가 없다면 화가로서 성공하기 어려울 것입니다.

이처럼 희망하는 것을 성취하려면 적성, 환경, 노력, 성격을 아우르는 능력이 필요합니다. 그리고 한 가지가 더 있어야 하는데, 바로 운입니다.

2. 운을 받아들이자

운 없이는 성공도 없다

원하는 바를 이루려면 능력뿐 아니라 운도 있어야 합니다.

운이란 무엇이라고 똑 부러지게 설명하기는 어렵습니다. 로또에 당첨됐다면 운이 좋은 것이고, 찍은 답이 정답이어서 내신이 한 등급 올랐다면 그 또한 운이 좋은 것이지요. 운이 나쁜 경우도 많습니다. 명예퇴직을 한 뒤 전 재산을 털어서 치킨집을 냈는데 곧바로 조류독감이 유행하는 바람에 몇 달 적자 끝에 문을 닫는다면 운이 없는 것이지요. 한 유도 신수는 운동을 그만두기로 결심하고 마지막 시합에 나갔는데, 그만 잘못 떨어져서 식물인간이 되었습니다. 이런 일을 운이 나쁘다는 말 외에 무엇으로 설명할 수 있겠습니까? 독도를 지키자는 메시지를 알리려고 서울에서 포항까지 릴레이 달리기를 하다가 만취 운전자가 모는 트럭에 치여 세상을 뜬 사람에게 불운하다는 말밖에 더 할 수 있겠습니까?

운이 성공에서 차지하는 비중은 흔히 생각하는 것보다 훨씬 큽니다. 그렇지만 학교에서는 운에 대해 말하려 하지 않고 노력으로 모든 것을 이룰 수 있다고 가르칩니다. 그래야 긍정적인 힘을 이끌어 낼 수 있기 때문이겠지요. 그러나 앞에서 살펴보았듯이 직업에서의 성취 측면에서 보면 노력은 능력의 일부일 뿐입니다. 노력과 적성, 환경, 성격, 게다가 운까지 있어야 한다니 성공까지 참 아득해 보이지요.

운칠기삼, 운복칠삼

'운칠기삼(運七技三)'이라는 말이 있습니다. 일의 성패를 좌우하는 것으로 실력이 3할이고, 운이 7할을 차지한다는 뜻입니다. 그런데 요사이 '운칠복삼(運七福三)'이라는 말이 새로 생겨났습니다. 성공하려면 운이 7할, 복이 3할 필요하다는 뜻이지요. 운이 곧 복이니 다시 말하자면 100퍼센트 운에 달려 있다는 뜻입니다.

왜 이런 말이 생겼을까요? 그것은 세상을 살다 보면 아무리 애써도 되지 않는 일이 너무나 많기 때문일 것입니다. 온 힘을 다해 노력해 보아도 뜻대로 되지 않을 때는 운이 없다는 것 말고는 설명할 길이 없습니다. 이런 일은 아주 흔하게 일어납니다. 비운의 스타, 비운의 천재도 많이 있지만 비운의 서민, 비운의 소시민은 훨씬 더 많습니다. 이것이 현실이고, 그렇다면 받아들여야 합니다.

자신이 원하는 것과 자신의 능력 사이에 괴리가 존재하고, 능력과 성취 사이에도 괴리가 존재한다는 것을 받아들여야 합니다. 또 우리가 제어할 수 없는 운이 엄연히 우리의 희망과 성취 사이에 자리하고 있다는 것도 받아들여야 합니다. 그래야 어떤 직업을 택하든 실패하지 않을 가능성이 훨씬 높아질 것입니다. 운이 따르지 않으면 실패할 수 있다는 것을 처음부터 알고 시작한다면, 실제로 실패했을 때 크게 좌절하지 않고 다음 단계로 수월하게 넘어갈 수 있을 것입니다.

그러나 모든 것이 자신의 노력 여하에 달려 있다고 믿는 사람은 어떨까요? 그런 사람은 실패했을 경우 우선 자신의 능력과 성격을 탓하고 그 다음에는 환경을 탓할 것입니다. 이런 사람은 다시 일어서기가 쉽지 않습니다. 분노가 자신과 자신을 둘러싼 환경으로 향하면 그것은 자기 학대나 자기 경멸, 주변 사람들에 대한 분노로 표출되기 쉽습니다.

실패를 하더라도 다시 일어나서 새로운 출발을 할 수 있어야 합니다. 앞서 말한 대로 이제는 일생 동안 여러 차례 전직이 불가피한 시대입니다. 또 비정규직과 같이 불안정한 고용 상태에 처해 있는 경우도 많을 것입니다. 그렇다면 더 근본적인 마음의 준비를 해 두지 않으면 안 됩니다. 즉, 운과 불운까지도 받아들이는 마음의 자세가 필요합니다. 적성, 환경, 노력, 능력뿐만 아니라 자신의 손에서

벗어나 있는 운까지도 성공의 중요한 요소임을 받아들여야 마음에
평화가 올 것입니다.

3. 자신에게 맞는 일을 찾자

자신에게 맞는 일이 최고다

자신에게 맞는 직업이 최고라는 말은 너무 자주 들어서 오히려 그 의미가 제대로 전달되지 않습니다. 이제 다시 한번 그 의미를 제대로 이야기해 볼까요?

자신에게 맞는다는 것은 앞에서 언급한 희망, 능력, 운이 모두 맞는다는 것입니다. 이 가운데 운은 자신이 통제할 수 없는 것이니 일단 제외하기로 하지요. 희망에 대해서는 1부에서 설명했는데, 자신이 무엇을 원하는지와 무잇이 되고 싶은지를 알기가 쉽지 않다는 것을 말했습니다. 능력에 대해서는 3부 1장에서 설명했습니다. 능력은 적성, 환경, 노력, 성격 등으로 구성되는데 이 네 가지를 모두 만족시키는 것이 쉽지 않다는 것을 말했습니다. 희망, 능력, 운 모두 쉬운 상대가 아니지요.

사정이 이렇다면 자신에게 맞는 일을 발견하고, 그것을 실제로

한다는 것은 굉장히 어려워 보입니다. 게다가 원하는 것과 능력 사이, 능력과 성취 사이에 괴리가 있고, 운도 뒤따라야 하기에 더더욱 어렵게 느껴지게 마련입니다.

따라서 '자신에게 맞는 일이 최고'라는 말을 단순히 '적성에 맞는 일이 최고'라는 식으로 좁게 생각하면 안 됩니다. 적성이란 능력 가운데 하나일 뿐이니까요. 적성 검사의 결과를 따른다 해도 성공할 수 없는 이유가 바로 여기에 있습니다. 그렇다면 어떻게 해야 자신에게 맞는 일을 찾을 수 있을까요? 더 현실적인 방법은 없을까요?

자신에게 맞는 일을 찾으려면 희망과 능력, 능력과 성취 사이의 괴리를 줄여야 합니다. 앞에서 살펴본 바와 같이 대부분의 경우 희망과 능력, 능력과 성취 사이에는 괴리가 있습니다. 희망과 능력 사이에 괴리가 없고, 능력과 성취 사이에 괴리가 없다면, 그리하여 희망과 성취 사이에 괴리가 없다면 만사형통이라 할 수 있겠지요. 이런 경우라면 자신에게 맞는 일을 한다고 할 수 있습니다. 그렇다면 희망과 능력 사이, 능력과 성취 사이의 괴리를 줄이는 것이 최선의 방법인 셈입니다.

희망과 능력 사이 괴리를 줄이자

우선 희망과 능력 사이의 괴리를 줄이는 방법을 볼까요? 능력을 키우는 데는 한계가 있습니다. 타고난 적성과 성격, 주어진 환경은 애를 써도 쉽게 바뀌지 않습니다. 고대 그리스에서는 선택할 수 없으나 인생에 큰 영향을 끼치는 것으로 국가, 부모, 성격을 꼽았다고 합니다. 고개를 끄덕이게 됩니다. 적성과 성격, 환경은 선택할 수 없고, 노력해서 바꾸는 데는 한계가 있습니다. 즉, 자신이 마음대로 할 수 있는 영역이 아니라 어느 정도 주어진 것이라고 보아야 합니다. 물론 노력을 거듭해서 성격을 바꾸고 환경도 변화시키는 사람도 적잖습니다만, 그렇더라도 적성은 어떻게 하기 힘듭니다. 밖으로 나다니는 것 좋아하는 사람을 사무실에서만 근무하라고 하면 배겨 내기 힘들겠지요.

그렇다면 어떻게 해야 희망과 능력 사이의 괴리를 좁힐 수 있을까요? 희망을 능력에 맞춰 조정하면 됩니다. 자신의 능력이 어느만큼인지 파악하고 그에 맞춰 직업을 찾는 것이 좋습니다. 공부하기 싫으면 억지로 대학에 가서 고생할 필요 없고, 노래를 못 부르면 가수가 되려는 꿈을 꾸시 않으면 됩니다. 여기서 말하는 희망은 부모나 교사의 희망이 아닌 '자신의' 희망입니다. 자신은 공부하기 싫은데 부모가 원해서 대학에 가고, 부모가 원하는 과에 간다면 희망과 능력의 괴리는 말할 수 없이 크게 벌어지겠지요. 희망하는 일을 하는 것도 매우 중요하지만, 능력을 먼저 생각한 뒤에 희망을 조정하여 괴리를 좁히는 것이 행복해지는 한 가지 길입니다.

야구 선수라면 누구나 4번 타자가 되기를 희망합니다. 4번 타자라면 홈런을 칠 만한 체격과 힘, 순발력을 두루 갖추어야 합니다. 4번 타자는 단 한 명에게만 돌아가므로, 실력이 못 미친다면 다른 타순을 맡아야 합니다. 마음이 아무리 굴뚝같아도 능력이 되지 않는다면 어쩔 수 없습니다. 어찌 보면 너무나 당연한 이야기지만, 그런 일이 자기에게 닥친다면 당연하게 받아들이기는 쉽지 않습니다.

부모는 좀처럼 자식의 현실을 받아들이려 하지 않습니다. 학교에서 자식이 40점짜리 성적표를 들고 왔다고 해 봅시다. "아, 우리 아이는 공부에는 소질이 없구나. 그럼 무엇에 소질이 있을까?" 하고 생각하는 부모는 별로 없습니다. 그러는 대신 "우리 아이가 노력을 안 해서 그러지, 하면 된다."면서 자식에게 더욱더 공부하라고 다그치지요. 만약 말 잘 듣는 자식이라면 부모의 독려에 못 이겨 열심히 공부를 하고, 정말 성적이 올라갑니다. 그럴수록 부모는 하면 된다는 확신을 굳히고 더욱 자식을 밀어붙입니다. 그렇게 해서 자식이 일류대에 입학했다고 합시다. 그럼 성공한 걸까요?

이런 경우는 보통 대학에서 평범한 학생이 되고 맙니다. 평범하게 지내다 졸업해서, 평범한 직장 생활을 하는 것이 보통입니다. 그리고 조금은 우울하게 살아가지요.

왜 이런 일이 생길까요? 노력해서 성적을 올려 일류대에 갔다면 실제로 공부에 소질이 있는 것 아닐까요? 물론 그렇게 생각할 수도 있겠으나, 능력을 평가할 때는 한 가지 유의할 점이 있습니다. 70퍼센트 정도의 힘을 쏟고도 잘해야 능력이 있다고 말해도 좋다는 것입니다.

앞의 경우에서는 부모가 자식에게 100퍼센트 이상의 힘을 쏟게 만들었습니다. 110~120퍼센트 정도 발휘했겠지요. 이렇게 기를 쓰고 대학에 들어갔으므로 그 뒤로는 기진맥진하여 활력을 잃어버리고 마는 것입니다. 그리고 인생이 힘들어지지요.

70퍼센트를 유지하는 일은 매우 중요합니다. 투수가 온 힘을 다해 공을 던질 때 '전력투구'라고 부릅니다. 그런데 시합 내내 모든 공을 전력투구로 던지는 것은 거의 불가능합니다. 체력이 버틸 수 없기 때문이지요. 그런데 더 중요한 점은 투수가 70퍼센트 정도의 힘을 발휘해 공을 던질 때 공의 위력이 가장 좋고 컨트롤도 잘된다는 점입니다. 즉, 어깨에 힘 빼고 던질 때 최고의 투구가 가능합니다. 그리고 70퍼센트 정도의 힘으로 던져야 오래 던질 수 있습니다. 또 위기가 닥치면 아껴 두었던 힘을 다해 전력투구를 함으로써 위기를 벗어날 수 있습니다. 죽을힘을 다해야 겨우 할 수 있는 일이라면 자신의 능력에 맞는 일이라 할 수 없습니다.

그림을 잘 그리는 사람은 한 번을 보고도 사물의 특징을 정확하게 잡아내 그립니다. 어떻게 그렇게 잘 그리느냐 물으면 "그냥 하니까 되던데요."라고 답합니다. 공부를 정말 잘하는 학생은 겉보기

에는 노는 것처럼 보입니다. 잠도 충분히 자는 것 같고 친구들과도 잘 놉니다. 그런데도 공부를 잘합니다. 바로 이런 것이 적성이고 능력입니다. 놀면서 하는 듯 보여도 잘할 수 있는 것, 그냥 해도 남들이 잘한다고 하는 것, 그런 것들이 능력의 70퍼센트만 써도 되는 경우입니다. 적성이든 노력이든 성격이든, 그 어떤 것이든 70퍼센트 정도만 쓰고도 잘한다는 소리를 듣는다면 그것에 맞는 일을 찾으면 됩니다. 그런다면 희망과 능력 사이의 괴리가 많이 사라질 것입니다.

능력과 성취 사이 괴리를 줄이자

이번에는 능력과 성취 사이의 괴리를 줄이는 방법을 생각해 볼까요? 역시 능력에는 한계가 있기 때문에 성취를 줄이는 것이 현명한 방법입니다. 성취할 수 있을 만큼 능력이 있다면 아무런 문제도 없겠지만, 앞에서 말한 바와 같이 능력은 어느 정도 정해져 있습니다. 그러므로 성취를 줄이지 않는다면 능력과 성취 사이의 틈을 좁히기는 쉽지 않습니다. 능력이 모자란데 큰 성취를 이루려 한다면 상처만 남지 않을까요?

자기 능력으로는 사장이 되기가 힘들다는 것을 진작 헤아렸다 해 봅시다. 그러면 과장이나 부장까지만 승진하고 퇴직해서 다른 것을 해야겠다고 미리부터 마음먹는 것이 좋습니다. 그런 마음으로 회사 생활을 한다면 나중에 과장에서 퇴직하더라도 별 후회나 괴로움이 없을 것입니다. 하지만 성취의 목표를 사장으로 잡는다면 사장 목전까지 승진했다가 물러나더라도 후회와 분노가 남을 것입니다.

이것은 학교 시험에서도 마찬가지입니다. 무조건 1등을 목표로 삼을 것이 아니라 자신의 능력에 맞게 목표를 잡아야 합니다. 10등을 목표로 삼고 실제로 10등을 했다면 능력과 성취가 일치하는 것이기에 성공한 것입니다. 남들 눈에 10등은 여전히 불만족스러운 성적일 수 있습니다. 그러나 그것은 남의 관점일 뿐입니다. 2등 자리를 놓치지 않는 친구가 있다고 해 봅시다. 다들 공부를 잘한다고 말할 만한 성적이지만, 정작 본인은 1등을 목표로 하는데도 번번이 2등을 하기에 언제나 불만스러울 것입니다. 만족할 수 있는 방법은 성취의 정도를 능력에 맞게 조정하는 것입니다.

제가 중학교 다닐 때 공부를 엄청 잘하는 학생이 있었습니다. 언제나 1등을 하는 것은 물론이고, 2등과 격차도 매우 컸지요. 저는 당시에 공부를 열심히는 했지만 1등을 목표로 하지는 않았습니다. 그때 이미 제 능력을 알았기 때문은 아니었고요, 월등히 뛰어난 학생이 있으므로 자연히 적응하게 된 것입니다. 그런데 그것이 저에게 평화를 가져다주었습니다. 애써 1등을 노리지 않고 내가 할 만큼, 내가 필요한 만큼만 하면 된다는 생각이 들기 시작했거든요. 등

수야 남이 매기는 것이고, 나는 내 공부를 할 뿐이라는 생각을 하고부터 남의 눈치나 기준에 별로 신경 쓰지 않게 되었습니다. 나는 어느 정도가 필요한가, 어느 정도를 할 수 있는가, 이런 문제를 생각하면서 독자 노선을 걷기 시작한 셈이지요. 그냥 내 인생을 살자, 내 능력대로, 내 능력만큼.

자기 능력이 어느 정도인지 알 수 없을 때는 도전이 계속됩니다. 처음에는 남들처럼 1등을 목표로 하였으나 그것이 되지 않으니까 "1등은 아닌가 보다. 그렇다면 내가 원하는 고등학교에 입학할 수 있을 만큼만 하자." 이런 식으로 계속된 것입니다. 다시 말해서, 능력을 알지 못하므로 알기 위해서는 도전을 해야만 하고, 도전의 결과가 나오면 받아들여야 합니다. 받아들이면 속이 편해집니다.

괴리가 줄면 성공이 가까워진다

사람들은 대부분 더 많은 성취를 원합니다. 1등 하고 싶고, 부자 되고 싶고, 미인 되고 싶은 것은 모든 사람의 바람입니다. 하지만 그럴 수 없는 것이 현실이라면 자신을 있는 그대로 받아들여야 합니다. 자신의 적성, 자신의 성격, 자신의 환경 그리고 운까지도 받아들일 수 있어야 합니다. 능력에 맞춰 희망하고, 능력에 맞춰 성취를 정한다면 괴리는 많이 사라집니다. 이를 정리하면 다음과 같습니다.

a	희망 → 능력 계발 → 성취	희망을 정하고 능력을 계발하여 성취한다.
b	능력 파악 → 희망 → 성취 조정	능력을 먼저 생각하고 그에 맞춰 희망을 품고 성취의 정도를 조절한다.

ⓐ의 경우는 대개 실패를 맛봅니다. 성공해서 칭송받고 스타가 되는 사람은 아주 소수일 뿐입니다. 그리고 그런 사람들은 사실 그럴 만한 능력이 있었다고 보아야 합니다.

ⓑ는 능력을 중심으로 하여 그에 맞추어 현실적인 희망을 설정하고, 성취도 자기의 분수에 맞추는 경우입니다. 성공할 확률이 높습니다.

4. '무엇'이 아니라 '어떻게'가 중요하다

어떻게 일할 것인가

직업에 관한 책들을 살펴보면 대부분 '어떤 직업을 택하는 것이 유망한가'를 다루고 있습니다. 미래에 대한 여러 가지 예측을 바탕으로 이러저러한 직업들을 추천합니다. '어떤 직업을 택하는 것이 좋은가'라는 질문은 변호사, 의사, 교수, 기업인, 연구원 등 직업 종류를 묻는 것입니다. 의사가 앞으로도 유망한가, 의사가 되려면 어떤 자질이 필요하고 어떤 과정을 거쳐야 하는가, 혹은 공무원은 안정적인가, 국제기구에서 일하려면 무엇을 준비해야 하는가 등을 알려 줍니다. 물론 이런 정보들도 중요합니다. 그래서 이 책의 2권에서도 직업을 어떻게 택할 것인가를 구체적으로 다룰 것입니다.

하지만 어떤 직업을 택해야 하는가를 말하기에 앞서 알아야 할 것이 있습니다. 그것은 직업에 있어서 무슨 일을 하느냐보다 그 일을 어떻게 하느냐가 더 중요하다는 사실입니다. 예를 들어서 설명해 보겠습니다.

다음과 같은 네 종류의 사람이 있습니다.

ⓐ 불친절한 변호사

ⓑ 친절한 변호사

ⓒ 불친절한 택시 기사

ⓓ 친절한 택시 기사

넷 가운데 어느 쪽이 가장 마음에 드나요? 우선 직업이 무엇이냐에 눈이 먼저 갈 것입니다. 여기에 나온 직업은 변호사와 택시 기사, 두 가지입니다. 대개는 변호사를 택하겠지요. 수입도 많고 사회적으로 인정받고 안정적으로 보이니까요. 어디 가서 변호사라고 하면 알아주는 것, 아니, 적어도 무시당하지 않는다는 것도 큰 매력입니다. 이에 반해 택시 기사는 사회적으로 좋은 평판을 받고 있지 못하고 수입도 적습니다. 따라서 둘 가운데 하나를 택하라면 대부분 변호사를 택하는 것이 당연하겠지요.

두 종류의 변호사, 즉 불친절한 변호사와 친절한 변호사 중에는 어느 쪽을 택하겠습니까? 물론 친절한 변호사겠지요. 친절이 불친절보다 좋다는 것은 누구나 알고 있기 때문입니다.

그럼, 이런 질문은 어떻습니까? 불친절한 변호사와 친절한 택시

기사 가운데 어느 쪽이 마음에 드나요? 잠깐 망설여질 것입니다. 변호사가 택시 기사보다는 훨씬 좋지만, 불친절하다는 것이 살짝 부담되기 때문이지요. 하지만 대부분은 불친절한 변호사를 택할 거라고 생각합니다. 많은 이들이 일을 '어떻게' 하느냐보다는 '무슨' 일을 하느냐를 훨씬 더 비중 있게 여기기 때문입니다. 그럼, 이번에는 한 가지 조건을 추가해 보겠습니다.

ⓔ 무능하고 불친절한 변호사
ⓕ 유능하고 불친절한 변호사
ⓖ 무능하고 친절한 변호사
ⓗ 유능하고 친절한 변호사

불친절보다는 친절이 낫고, 무능보다는 유능이 나으므로 물론 ⓗ를 택하겠지요. 그런데 ⓕ와 ⓖ 가운데 하나를 택하라면 어느 쪽을 택하겠습니까? 불친절하지만 일 잘하는 변호사와, 친절하기는 해도 일은 못하는 변호사, 어느 쪽에 손을 들겠습니까? 아마 이번에도 망설여질 것입니다. 그래도 역시 일 잘하는 쪽을 택하지 않을까 생각합니다. 왜냐하면 직업에 관한 한 사람들은 인간성보다는 능력을 더 높게 평가하기 때문입니다. 더 나아가 무능함이 인격을 판단하는 데 부정적 작용을 미치기도 합니다. 즉, 무능한 사람에 대해서는 인간적으로도 낮은 평가를 내리는 것이 현실입니다.

이런 현실에서 살아남으려면 유능하고 친절한 변호사가 되는 것이 가장 좋겠지만, 유능하지만 불친절한 변호사도 그에 못지않게 용인됩니다.

그럼, 이번에는 변호사를 택시 기사로 바꾸어 보겠습니다.

ⓘ 무능하고 불친절한 택시 기사

ⓙ 유능하고 불친절한 택시 기사

ⓚ 무능하고 친절한 택시 기사

ⓛ 유능하고 친절한 택시 기사

위의 넷 가운데는 물론 ⓛ을 택하겠지요. 그 다음은 아마도 ⓙ, ⓚ, ⓘ 순서로 선택하지 않을까 합니다. 언뜻 택시 기사는 친절이 더 중요한 척도가 아닐까 싶기도 하지만, 친절하기는 해도 길을 못 찾고 헤매는 상황을 떠올려 보면 생각이 바뀔 것입니다.

이번에는 다음과 같은 두 개의 선택지가 있다고 합시다.

ⓜ 유능하고 친절한 변호사

ⓝ 유능하고 친절한 택시 기사

어떻게 하면 직업에서 성공할 수 있을까

일반적으로 ⑩을 택할 가능성이 높습니다. 변호사가 택시 기사보다 여러 가지로 낫다고 여기는 것이 보통이니까요. 하지만 앞에서 말한 '자신에게 맞는 일이 최고'라는 기준을 적용하면 사정이 달라질 수 있습니다. 즉, 변호사든 택시 기사든 그것이 자신에게 맞는 일이라면 ⑩과 ⑪은 아무런 차이가 없습니다. 일반적인 평가가 변호사를 택시 기사보다 우위에 두더라도, 자신에게 택시 기사가 맞는 일이라면 변호사보다 못할 것이 전혀 없습니다. 오히려 적성에 맞지도 않고 좋아하지도 않는 변호사 일을 하면서 유능하고 친절하다는 평을 듣는 사람보다 낫습니다.

기준은 분명합니다. 변호사든 택시 기사든 자신에게 맞는 일을 하는 사람이 행복합니다. 자신에게 맞는 일을 찾지 못했다면 아무리 유능하고 친절하다고 해도 자신은 만족할 수 없고, 허한 인생을 살 수밖에 없습니다.

불친절한 변호사냐 친절한 택시 기사냐

지금 하는 일이 자신에게 맞는 직업이라면 직업의 종류는 중요하지 않습니다. 오히려 그 앞에 붙은 수식어, 즉 유능한지 무능한지, 친절한지 불친절한지가 중요합니다. 무슨 일을 하느냐, 즉 어떤 직업을 갖고 있느냐가 아니라 그 일을 어떻게 하느냐가 더 중요한 것입니다. 그러므로 불친절한 변호사보다는 친절한 택시 기사가 낮고, 비인간적인 대학교수보다 인간적인 초등학교 교사가 낫습니다. 이런 사례는 끝없이 들 수 있습니다. 야비한 사장보다 성실하고 따듯한 경비가 더 낫고, 몇 천 억을 갖고 있지만 마음이 황량한 건물주보다는 건물에 세 들어서 튀김가게를 하고 있지만 양심적으로 깨끗하고 맛있는 튀김을 제공하는 주인이 더 낫습니다.

5. 직업에서 성공하는 길

자신에게 맞는 일이라면 잘할 수 있다

무역업을 하던 사람이 택시 기사로 변신해 행복하게 살아가는 모습이 텔레비전에 소개된 적이 있습니다. 무역업을 하며 익힌 외국어로 외국인 승객에게 유창하게 말을 붙이면 승객이 무척 좋아한다고 합니다. 그 택시 기사는 친절하고 유쾌한 태도로 일을 하고 있었습니다. 이런 사람을 보면 유능하고 친절한 택시 기사가 유능하고 친절한 변호사보다 못하다고 말할 수 없을 것입니다.

어떤 일이든 그 일을 좋아하며 열심히 한다면 유능하고 친절한 직업인이 될 수 있습니다. 이렇게 되는 가장 좋은 방법은 자기에게 맞는 일을 하는 것입니다. 즉, 택시 기사 일이 자기에게 맞으면 자연스럽게 유능해지고 친절해집니다.

위의 택시 기사도 그 일이 즐겁다고 했습니다. 그는 회사 다닐 때는 일과 시간이 끝나도 언제나 일이 집까지 따라와서 부담이

컸다고 합니다. 집에 와서도 일에 대한 생각을 계속했으며, 실제로 일을 해야 하는 경우도 꽤 있었다고 합니다. 휴가를 가도 일에서 벗어날 수 없었고요. 이에 반해 택시 기사는 육체 노동이라 몸은 좀 고되지만, 그날 일과가 끝나면 그것으로 일에서 해방되어서 좋다고 했습니다. 일과가 끝나면 마음이 홀가분하고 편해서 좋다는 것입니다. 그리고 자기가 친절하게 대했을 때 승객들이 좋아하는 모습을 즉각 볼 수 있고 자주 볼 수 있어 즐겁다고 했습니다. 일이 즐거우니 언제나 친절하게 대할 수 있는 것이고요. 이 택시 기사에게는 이 일이 딱 맞는 것입니다.

자신에게 맞지 않는 일을 한다면 아무리 유능하고 친절하다는 평을 들어도 인생은 허하게 마련입니다. 제가 지켜본 바로는 의사 가운데 이런 사람들이 꽤 있는 것 같습니다. 머리가 좋고 남을 위하는 마음이 있어 의사가 되었고 성격도 원만해 환자들에게 좋은 의사이지만, 정작 자신은 남의 인생을 살고 있는 듯한 느낌을 떨치지 못하는 경우를 종종 보았습니다. 이 유능하고 친절한 의사에게 딱 맞는 일이 사실은 오디오 조립이라고 해 봅시다. 만약 의사 대신 오디오 조립을 한다면 자신이 좋아하고 잘할 수 있는 일을 하는 것일 테지요. 그러면 자연스럽게 열심히 열정을 갖고 할 것이므로 유능하고 친절한 직업인이 되었을 것입니다.

누구나 성공할 수 있다

직업에 귀천이 없다는 말을 흔히 합니다. 그 말에는 무슨 일을 하느냐가 아니라 그 일을 어떻게 하느냐를 보고 판단해야 한다는 뜻이 담겨 있습니다. 저는 직업으로 사람을 판단하지 않습니다. 그 사람이 하는 일이 불법이 아니라면 무슨 직업을 가지고 있든 동일 선상에 놓고 판단을 합니다. 그런 뒤 그 사람이 자신의 일을 어떻게 하는지를 지켜보지요. 밝은 표정을 지으며 환한 목소리로 고객들에게 일일이 묻고 답하는 고속도로 톨게이트 직원이 있는가 하면, 근엄한 얼굴로 툭하면 짜증을 내는 고위 공직자도 있습니다. 고위 공직자가 톨게이트 직원보다 사회적 평가는 높을지 몰라도 직업인으로 보자면 낮은 평가를 면할 수 없습니다. 직종이 무엇인가보다는 그것을 어떻게 하고 있느냐가 중요하니까요.

무슨 일을 하는가보다 일을 어떻게 하는가가 더 중요하다면 누구나 직업에서 성공할 수 있는 길이 열립니다. 앞에서 살핀 바와 같이 직업은 타고난 적성, 환경, 성격, 운 등 여러 가지 요소와 얽혀 있습니다. 그래서 자신이 원한다고 해서 실제로 한다는 보장도 없고, 또 한다고 해서 꼭 성공한다는 보장도 없습니다. 성취 면에서 보면 실패할 확률이 훨씬 더 높다고 해야 할 것입니다.

하지만 유능하고 친절하다면 어떤 직업이든 똑같습니다. 유능함도 직업에 따라 기준이 다르기 때문에 걸림돌이 되지 않습니다. 유능한 변호사가 되기 위해 필요한 능력과 유능한 택시 기사가 되기 위해 필요한 능력은 다릅니다. 변호사 쪽이 더 난이도가 높을 테고, 택시 기사는 그보다는 단순한 능력으로 할 수 있는 일입니다.

따라서 자신의 능력에 맞는 직업을 택하는 것은 그리 어려운 일이 아닙니다. 희망과 능력 사이, 능력과 성취 사이의 거리를 좁히면 됩니다. 그리고 친절함은 능력의 문제가 아니라 태도의 문제이기 때문에 노력으로 상당 부분 이룰 수 있습니다. 마음먹고 노력하면 어느 정도까지는 친절해질 수 있습니다. 친절한 공무원이 되어야 겠다고 결심하고 노력하면 상당한 정도 성공할 수 있는 것입니다.

누구나 성공할 수 있는 길은 무슨 일을 하는가가 아니라 그 일을 어떻게 하는가입니다. 그럼, 그 사람이 성공했는가 여부는 어떻게 알 수 있을까요? 다른 사람에게 존경을 받는다면 성공했다고 할 수 있습니다.

6. 존경받는다면 성공이다

김인식 감독이 존경받는 이유

2009년에 열린 2회 WBC 야구대회에서 한국이 준우승을 차지했습니다. 많은 국민들이 자기 일처럼 기뻐했으며, 특히 대표팀을 이끈 김인식 감독에게 많은 찬사를 보냈습니다. 불편한 몸을 이끌고 선수들에 대한 믿음과 냉정한 승부사 기질로 훌륭한 성적을 낸 것도 존경받은 한 가지 이유였지만, 더 큰 이유는 따로 있습니다. "국가가 없다면 야구도 없다."고 말하고는 다른 감독들이 사양한 국가대표 감독이라는 어려운 자리를 맡았기 때문입니다.

하지만 김인식 감독이 많은 존경을 한몸에 받게 된 것은 이번 대회에서 보여 준 준우승이라는 성취와 희생정신 때문만은 아닐 것입니다. 오랫동안 야구를 해 온 김인식 감독을 한 사람 한 사람이 평했을 것입니다. 한두 사람의 평이 아니고, 한두 해 동안 쌓인 평이 아니겠지요. 평가는 동료, 선수, 구단 관계자, 기자, 팬 등 다양한 사람들에게서 나옵니다. 팬들에게는 멋진 감독으로 보이지만 선수나 동료에게는 나쁜 감독으로 평가받을 수도 있고, 동료나 선수는 높게 평가하나 구단 관계자는 아주 못마땅하게 여길 수도 있습니다. 그리고 국제 대회를 치르면 일반 국민들도 평을 하게 마련입니다. 다양한 사람들이 오랜 시간에 걸쳐 내린 평가이니만큼 신뢰도는 높지요.

김인식 감독이 높은 평가를 받는다고 해서 다른 야구 감독도 높은 평가를 받는 것은 물론 아닙니다. 야구 감독 중에는 대학 진학에 힘써 준다는 핑계로 뇌물을 받아 구속된 사람도 있고, 선수들을 구타해서 쫓겨난 사람도 있으며, 능력은 없으면서 선수 탓만 하는 감독도 있습니다. 다시 말해서, 야구 감독이라는 직종이 존경을 낳는 것은 아닙니다. 누가 "나, 어느 팀 야구 감독이야."라고 했다고 해서 존경심이 절로 생기는 일은 결코 없습니다. 야구 감독이란 직종에 불과하기 때문이지요.

그 자리에 있다는 것만으로 존경이 절로 나오는 직종이 세상에 있을까요? 미국 대통령은 어떨까요? 막강한 권력과 막중한 책임을 지녔으므로 접대를 잘해야 하겠지만, 그렇다고 해서 존경심이 생기는 것은 아닙니다. 부시 전 대통령은 존경은커녕 신발 세례만 받았습니다. 교사는 어떤가요? 교사도 마찬가지라는 것은 학생들이 더 잘 알고 있을 겁니다. 그럼 노벨상 수상자는 어떤가요? 일반 사람은 존경할지 몰라도 동료들은 다른 평가를 내릴 수 있습니다. 내부를 너무 속속들이 알고 있기 때문입니다.

다시 말해서 '의사'라는 직종 때문에 존경받는 것이 아니라 '좋은' 의사이기에 존경받는 것입니다. 좋은 집배원, 좋은 통닭집 아저씨, 좋은 수선공은 모두 존경받을 수 있습니다. 그러나 악덕 변호사, 부패한 국회의원, 무능한 대통령은 결코 존경받을 수 없습니다.

MK 택시 회사 인기의 비결

일본에 재일동포가 운영하는 MK라는 택시 회사가 있습니다. 그냥 택시 회사일 뿐입니다. 특허 기술이라든가 별난 것이 있는 회사가 아닙니다. 그런데 이 회사는 일본 사회에서 존경받고 있습니다. 수많은 대학 졸업생들이 MK에 입사하고 싶어 합니다. 택시 기사를 하는 데 대학 졸업장이 필요한 것은 아니지만, 대학 졸업생들도 들어가고자 애쓰는 회사가 되었다는 뜻입니다. 왜 그럴까요?

고객들은 깨끗하고 친절하다는 이유로 이 회사 택시를 좋아한다고 합니다. 그리고 직원들은 회사의 대우에 크게 만족한다고 합니다. 한 가지 예로, 이 회사는 직원들에게 집을 제공하고 있습니다. 집에서 편하게 쉬어야 손님들에게 친절할 수 있다고 생각하는 사장의 방침에 따른 것입니다. MK의 사장은 택시 기사들이 불친절한 이유를 집에서 찾았습니다. 일본은 집값이 비싸기로 유명해서, 수

입이 그리 넉넉지 않은 택시 기사들이 집을 구하는 것은 쉽지 않습니다. MK는 어려운 회사 형편에도 불구하고 과감하게 기사들에게 집을 제공하기 시작했습니다. 이 사실이 알려지기 시작하면서 MK는 성장해 갔으며, 성장에 걸맞은 서비스를 제공하였습니다. 그리하여 결국 지금은 존경받는 기업이 되었고, 이 회사 기사들은 자부심을 가지고 일하고 있습니다.

한국에도 많은 택시 회사가 있습니다. 하지만 MK처럼 가고 싶다고 꼽는 택시 회사가 있다는 이야기는 아직 듣지 못했습니다. 그것은 단순히 택시 기사라는 직종 때문이라고 볼 수는 없습니다. MK가 보여 주는 것처럼 택시 회사라도 얼마든지 인정받을 수 있기 때문입니다. 한국의 택시 회사들이 인정받지 못하는 까닭은 택시 회사라서가 아니라 불친절하고 난폭 운전을 하고 손님을 무시하는 서비스를 제공하기 때문입니다. 즉, 직종 때문이 아니라 일을 하는 태도와 자세 때문인 것이지요. 누가 친절하고 손님을 우선 생각하는 회사를 무시하겠습니까? 오히려 고마워하겠지요. 문제는 일을 어떻게 하느냐입니다.

존경은 억지로 얻을 수 없다

존경이란 참으로 얻기 어렵습니다. 고시에 합격해 판검사가 되고, 밤낮 없이 공부해 의사가 되고, 온갖 어려움을 극복하고 기업인

이 되는 것 따위는 존경을 받는 것에 비하면 참 쉬운 일입니다.

돈을 많이 벌었으나 존경받지 못하는 사람이 있다고 해 봅시다. 많은 사람들이 부자의 덕을 보기 위해 주변에 모여들겠지요. 그들은 면전에서는 굽실거리며 듣기 좋은 이야기를 골라서 하지만, 돌아서서는 딴소리를 할 겁니다. 인간성이 나쁘다거나, 치사하게 돈을 벌었다거나, 단지 운이 좋았을 뿐이라고들 수군댈 것입니다. 돈이 아니라면 서로 만나고 싶지 않은 관계인 것이지요. 이 사람들이 이해관계에 얽혀 사업상 만나는 사람들이라면 굳이 인정이나 존경을 요구할 것까지는 없습니다. 그런데 같은 업종에 속하는 사람들, 즉 같은 일을 하는 사람의 평가는 이해관계에만 그치지 않으므로 귀 기울일 가치가 있습니다.

교사를 예로 들어 볼까요? 학생들에게 인기가 좋은 교사와 동료 교사들에게 인정받는 교사가 일치하는 것은 아닙니다. 물론 학생과 동료 교사 모두에게 존경받는다면 더 좋겠지요. 그러나 학생들에게는 냉정하고 엄격한 교사이지만 교사들 사이에서는 학교와 학생을 위해 헌신하는 교사로 평가받을 수도 있습니다.

비즈니스 때문에 만나는 사람, 같은 업계에서 일하는 사람들 말고도 가족과 친구에게서 받는 존경도 있습니다. 어쩌면 이것이 훨씬 더 중요한 문제일 것입니다. 밖에서는 존경받는 사회인이고 역사에 남을 인물일지 몰라도, 집에서는 자기밖에 모르는 부모나 배우자로 인식된다면 과연 성취가 이루어졌다고 말할 수 있을까요? 다시 말해서 사회적으로는 높은 지위와 상당한 업적을 자랑하지만 자식에게 전혀 인정받지 못하는 부모라면 과연 직업적 성취가 제대로 된 것인가를 묻지 않을 수 없습니다. 자식도 배우자도 친구도 등을 돌리는데, 홀로 직업에서는 성공을 거뒀다고 말한들 자신에게 무슨 의미가 있을까요.

인간이 일을 하고 여러 사람과 함께 살아가면서 얻으려는 것은 결국 존경과 사랑입니다. 아무리 사회적 업적이 많고 권력과 부와 명예를 갖추었다고 해도 사회, 동료, 가족, 친구로부터 존경을 받지 못한다면 결코 성공적으로 일했다고 할 수 없습니다. 일을 통해 사람들을 즐겁게 해 주고 가족에게 긍지를 느끼게 해 주며 사회 발전에도 도움을 주고, 그 결과 사람들의 존경을 받아야 성공적이라고 할 수 있습니다.

그런데 존경은 앞에서 말한 것처럼 무슨 일을 하는가에 따라 좌우되는 것이 아니라 일을 어떻게 하는가에 달려 있기에 누구나 성공할 가능성이 있습니다. 사람들의 존경은 결코 직업의 종류에 따라 결정되지 않습니다. 왜냐하면 존경은 능동태가 아닌 수동태이기 때문입니다.

존경은 애쓴다고 해서 우러나오는 것이 아닙니다. 사장님을 존경하자고 아무리 결심해도 소용없습니다. 선생님을 존경해야 한다

고 아무리 교육을 받아도 되지 않습니다. 부모님을 존경해야 한다고 아무리 설득해도 소용없습니다. 왜냐하면 존경이란 자신도 모르게 우러나오는 것이기 때문입니다. 누구를 존경한다는 것은 자신도 모르게 존경하게 되었다는 뜻입니다. 오랜 시간에 걸쳐 그 사람이 하는 것을 지켜보고, 같이 지내면서 서로를 알아 가고, 함께 고난을 헤쳐 나가고 기쁨을 나누는 사이 자신도 모르게 존경이 우러나옵니다.

존경은 복합적인 이유로 생깁니다. 일을 잘하는 사람을 보면 부럽고 닮고 싶은 게 사람의 마음입니다. 하지만 일을 잘한다는 이유만으로 존경이 우러나오지는 않습니다. 격투기 선수들은 링 위에서 실력만으로 우열을 가립니다. 물론 승자가 패자보다 사랑받을 가능성이 큽니다만, 승자라고 해서 무조건 인정받고 사랑받는 것은 아닙니다. 존경받는 것은 더더욱 아니고요. 더구나 한두 게임으로 존경이 생겨날 수도 없습니다. 승리했을 때 패자에게 어떤 태도를 보였는지, 패배했을 때에 어떤 말을 하고 어떻게 아픔을 딛고 일어섰는지를 사람들은 오랫동안 지켜봅니다.

마라토너 이봉주는 훌륭한 성적을 내기도 했지만, 40번 완주라는 마라톤을 향한 집념과 헌신이 그를 존경하게 만드는 더 큰 이유입니다. 이봉주는 능력이 특출해 더 많은 사람이 알게 되었을 뿐입니다. 지금도 이름 없는 수많은 사람들이 친절과 헌신, 꿋꿋함으로 직업의 종류에 관계없이 존경을 받으며 살아가고 있습니다.

존경받는다면 성공이다

사람은 누구나 일을 하며 살아갑니다. 스스로 성공했다고 느끼지 못할 때는 자신의 적성, 성격, 환경, 운 등을 한탄하기도 합니다. 또 세속적인 성공에 목말라하기도 하지요. 하지만 진정한 성공은 다름 아닌 존경을 받는 것입니다. 일을 통해 존경을 받으려면 무슨 일을 하는가가 아니라 어떻게 하는가가 훨씬 더 중요합니다. 어떻게 하는가는 자신의 노력으로 얼마든지 바꿀 수 있지요. 곧, 누구에게나 직업에서 성공할 수 있는 가능성이 열려 있습니다.

선배 직업인들에게
듣는 조언

앞에서 세 가지 질문에 답해 보았습니다. 직업 선택이 왜 이렇게 어려운지, 그냥 놀고먹으면 안 되는지, 그리고 어떻게 해야 성공할 수 있는가의 문제였습니다. 도움이 되었는지요? 조금 더 도움이 되고자 현직에서 일하는 몇 분을 인터뷰해서 그 내용을 앞의 질문에 맞게 구성해 보았습니다. 지금 열심히 일하는 분들이라 현장감이 있을 뿐 아니라 진솔한 속내를 보이고 있으므로 직업 세계를 이해하는 데 도움이 될 것이라 생각합니다.

그럼 직업 선택이 왜 어려운지부터 들어 보겠습니다.

제가 던진 질문은 "직업을 정하는 데 있어서 가장 중요하게 고려해야 할 것은 무엇이라고 생각하십니까?"였습니다. 예상대로 적성이라고 답하는 분이 많았습니다. 그런데 이 과정에 왜 직업 선택이 어려운가에 대한 답도 나왔습니다. 대기업에 다니는 한경식 씨는 다음과 같이 답합니다.

"저도 그랬습니다만 예전에는 직업에 대해 한번도 고민하지 않고 대학 전공을 택했습니다. 공대 전자공학과가 좋다고 하니 그냥 그곳으로 가는 식이었지요. 중·고등학교 때 한번도 직업에 대해 얘기를 들어 본 적이 없었던 것 같습니다. 당연하겠지요. 먹고살기도 바쁜 시절이었으니까요. 보통 직업을 정하는 데 가장 중요한 것은 적성이라고 합니다. 그런데 자신의 적성을 알기가 쉽지 않다는 데 문제가 있습니다. 적성을 알아내기 위해 어릴 때부터 자식들에게 이런저런 교육을 시키는 부모가 많습니다만 사실 그것을 찾아낸다는 것이 그리 용이한 일이 아니라고 생각합니다. 저는 직업을 정하기에 앞서 늦어도 고등학교에서 대학에 갈 때 자신의 전공을 정말 신중하게 선택해야 한다고 생각합니다. 그게 결국 직업을 정하는 일이겠지만요. 저는 전자공학을 전공했습니다. 제 학교 동기가 50명 정도 됩니다만 전공과 관련한 일을 지금도 하는 사람은 10명도 채 안 될 것 같습니다. 그렇기에 어찌 보면 이 대학 전공이란 것도 직업 선택에 큰 영향을 주지 않을지도 모르겠습니다. 그러나 그렇더라도 여전히 대학 전공이 특히 자신의 첫 번째 직업 선택에 절대적인 영향을 미치기에 중요하게 생각하지 않을 수 없을 것 같습니다. 아무튼 고등학교에서 이과인가 문과인가를 결정하는 일부터 신중히 생각해야 할 것 같습니다. 적성, 이것을 얼마나 **빨리** 찾아내는가가 과제이겠지만요."

역시 적성을 찾는 것이 어렵다고 말하고 있군요. '자신의 적성과 노력'이 가장 중요하다는 점에서는 거의 모두 동의하지만 자신이 좋아하는 일이나 적성에 맞는 일을 찾기는 어렵다고 작가 표명희 씨도 말합니다.

"우선 자신이 뭘 좋아하는지를 정확히 아는 것이 가장 중요하다고 생각합니다. 좋아하는 일이라면 누구보다 열정적으로 빠져들 수 있고, 일 자체를 즐길 수 있으며, 그렇게 될 때 남들보다 더 큰 능력을 발휘할 수 있지 않을까요. 교육이란 바로 이것을 찾게 해 주는 과정이라고 생각하는데, 우리나라 현 입시 교육 체계와 대학 교육이 얼마나 이런 역할을 하고 있는지에 대해서는 회의적입니다. 실제로 저나 제 주변 사람들을 봤을 때, 자신이 정말 좋아하는 일이 뭔지 모르는 경우도 많고, 좋아하는 일을 기준으로 직업을 택해야 한다는 인식 자체도 없는 경우가 태반이었습니다."

교육이 적성 발견을 도와주어야 할 텐데 그러지 못한다는 것이 현실이라는 얘기겠지요. 하지만 여전히 자신이 잘할 수 있고 좋아하는 일을 해야 한다고 이야기합니다.

그럼 다음 질문으로 넘어가 보겠습니다. 그냥 놀고먹으면 안 되는지에 대해 저는 "지금 하는 일을 통해 필요한 만큼의 돈을 벌고 계십니까?"와 "일을 통해 느끼는 보람은 무엇입니까?"로 질문을 하였습니다. 직업과 관련해 돈에 대해 어떻게 생각하는지, 그리고 일을 통해 실제로 어떤 보람을 느끼는지를 알면 왜 놀고먹으면 안 되는지를 알 수 있을 테니까요. 대체적으로 돈이 큰 비중을 차지하지 않는다고 답했습니다. 필요한 만큼의 정도는 다르겠지만 돈을 위해 일을 하는 것 같지는 않았습니다. 담담한 반응을 보였습니다. 하지만 보람에 대해서는 눈을 반짝이는 모습이었습니다. 무엇으로 기쁨과 행복을 느끼는지를 구체적으로 말하고 있으니까요.

우선 보람부터 보겠습니다. 보람은 두 가지로 나눌 수 있습니다. 자기만족 내지 성취감과, 남에게 기쁨을 주었다는 것이지요. 대체적으로 이 두 가지는 함께 일어나는 것 같습니다. 노정혜 교수는 다음과 같이 말합니다.

"나의 전문 지식이나 일터에서의 생활을 통해 학생들(학부생과 대학원생)이 성장하고, 전문가로서 내 분야의 위상을 국내나

국제적으로 높여 가고 있으며, 일을 통해 나 자신이 계속 성장(성숙)하는 것을 확인하는 것이 보람입니다."

이런 보람은 일을 하지 않고 빈둥거린다면 결코 얻을 수 없겠지요. 카페를 경영하는 배종광 씨도 고객 만족과 자신의 성취감에 대해 말합니다.

"우선 커피 원두를 열정을 다해 볶은 뒤 핸드드립으로 정성껏 내려 손님에게 드렸는데, 그 손님이 커피에 대해 칭찬하고 환하게 웃으며 매장을 나설 때 보람을 느끼고 행복을 느낍니다. 또 고객을 더 끌어들이기 위해 계획(인테리어 보강, 마케팅, 커피 퀄리티 강화 등)을 짜고 하나하나 실천한 후 그것이 고객 증가로 이어질 때 말로 표현할 수 없는 뿌듯함을 느끼기도 합니다."

변호사 배성진 씨도 비슷한 답을 합니다. 역시 고객 만족과 성취감이지요.

"고객의 문제 해결에 도움을 주고 제 일을 통해 고객이 만족을 느끼면 그것이 최고의 보람입니다. 그 외에 일의 성과에 대한 자기만족도 큰 보람입니다. 제가 일을 해 놓고 '아, 참 잘했구나!'라며 기분 좋아 한다는 게 좀 우습기는 하지만, 다른 직업의 경우도 크게 다르지 않을 거라고 생각합니다."

다른 직업도 크게 다르지 않습니다. 역시 일을 해야 자신도 기쁘고 남도 기쁘게 할 수 있습니다.

돈에 대해서는 비교적 담담한 반응이었습니다. 방송국 피디는 "생활하는 데 큰 불편이 없을 정도는 되는 것 같습니다. 더 많은 돈을 벌면 물론 좋겠지만, 지금 받는 돈이 적다고 생각되진 않습니다."라고 답했습니다. 물론 일정한 지위에 오른 사람들을 대상으로 인터뷰를 했기에 비슷한 답이 돌아왔습니다만, 돈을 벌기 위해서만 일한다는 느낌을 받지는 않았습니다. 오히려 일을 하다 보면 돈이 생기겠지요, 라는 태도에 가까웠습니다. 물론 고민도 있습니다. 회사원 한경식 씨는 이렇게 말합니다.

"어느 정도가 필요한 만큼의 돈인지 정의를 내리는 것부터 어렵습니다만, 우리나라 샐러리맨들 중에서 자신이 버는 돈에 대해 만족하는 사람은 극소수가 아닐까 생각합니다. 가족을 부양하고 내 자신의 취미 생활을 할 수 있는 정도, 그리고 노후를 대비해 약간 저축할 수 있을 정도가 필요한 만큼의 돈이라면 그 정도는 벌고 있다고 해야 할 것 같네요. 문제는 잘 아시는 것처럼 영원히 직장을 다닐 수 없다는 점이겠지요. 우리나라, 아니 요즘은 전세계 샐러리맨들의 공통적인 고민이지만요."

앞서 말한 것처럼 직업을 갖는 첫째 이유는 뭐니 뭐니 해도 역시 돈을 벌기 위한 것이지요. 너무나 당연하기에 오히려 담담한 반응을 보이는 것인지도 모릅니다. 밥을 먹어야 사는 것이 당연하고 자연스러운데 자신은 밥을 먹기 위해 산다고 강조하면 어쩐지 이상하지 않을까요? 물론 부족하다고 답한 사람도 있었습니다. 아직 수련의 과정을 밟고 있는 박혜상 씨는 "넉넉하지 않다고 생각한다."고 말하고 있습니다. 아직 과정 중에 있으니 당연한 반응이겠지요.

어떻게 해야 성공할 수 있을까 하는 문제에 대해 저는 "그 일을 하려면 어떤 자질이 필요합니까?"로 물어보았습니다. 직업마다 필요한 자질이 다르지 않겠습니까? 그러니 성공을 하려면 필요한 것들이 무엇인지 먼저 알아야겠지요. 답을 들어 보니 역시 직업에 따라 필요한 자질은 달랐습니다. 단거리 육상 선수와 축구 선수가 필요한 것이 다르듯 자연스러운 것이겠지요. 몇 가지 답을 들어 보겠습니다.

피디는 "다른 사람과의 소통 능력, 다른 사람들보다 한 발 더 나아가 생각해 보는 창의적인 관점, 그리고 새로운 도전에 스트레스를 덜 받는 성격"이 필요하다고 말합니다. 여러 가지가 필요하군요. 쉽지 않아 보입니다. 또 작가가 되기 위해 필요한 자질을 표명희 씨는 다음과 같이 말합니다.

"우선은, 세상과 사물을 바라보는 시선이 남달라야 합니다(통념에 갇힌 평범한 시선으로는 창작 자체가 불가능하니까요). 이러한 남다른 시선은 타고나거나 아니면 삶의 특이한 체험(개인의 트라우마)에 의해 생겨날 수 있는데, 작가에게는 이러한 남다른 시선이 엄청난 자산입니다. 다음으로는, (창의성도 빼놓을 수 없겠지만) 특히 소설가는 작업의 특성상 인내심과 지구력이 있어야 합니다. 소설 쓰기란 무엇보다 지루한 노역입니다(그래서 소설가의 자질로 건강을 꼽는 이들도 많습니다). 집 한 채를 혼자서 다 지어야 한다고 생각하면 쉽습니다. 설계를 하고 벽돌 하나하나를 쌓아 올려 튼튼하게 골격을 만들고, 마지막에 멋진 인테리어로 내부 장식까지 해서 완성시켜야 합니다. 그것을 끝내기까지의 과정이 결코 만만치 않습니다. 제가 학생들을 가르쳐본 경험으로는, 순발력 있고 감수성 예민한 사람보다는 끈기 있고 성실한 사람이 소설 장르에 더 맞는 것 같습니다. 둘 다 갖춘 사람이라면 금상첨화겠지만요."

만만치 않은 소질이 있어야 소설가를 할 수 있겠군요. 한편 회사원으로 성공하기 위해서는 끈기와 인내가 가장 중요하다고 한경식 씨가 말합니다.

"어학 능력, 친화력 등 여러 자질이 필요하겠습니다만 저는 이렇게 생각합니다. 기업에서 성공하기 위해서는 아주 많은 세월이 지나야 합니다. 단기간에 승부가 나는 일이 아닙니다. 꾸준함이 필요한 일입니다. 자기 계발을 부단히 해 나갈 수 있는 집요함도 필요하다고 생각합니다. 그렇기에 오랜 세월을 버텨 낼 수 있는 끈기와 인내가 가장 중요한 요소가 아닌가 생각합니다. 물론 인간관계도 중요하고요."

그럼 과학자가 되기 위해서는 무엇이 필요할까요? 노정혜 교수는 머리보다는 다른 것이 필요하다고 하는군요.

"집중력과 꾸준함, 그리고 자연 현상이나 새로운 것에 대한 호기심이 있으면 됩니다. 소위 말하는 아이큐나 비상한 머리가 필수 조건이 절대 아닙니다. 암기력이나 기억력, 순발력보다는 꾸준히 파고들며 원리를 이해하고 알아가는 능력과 노력이 필요합니다."

직업마다 필요한 것이 다양하다는 생각이 새삼 듭니다. 의사 역시 단순히 수능 성적만 뛰어나서는 될 수 없는 모양입니다. 박혜상 씨는 의사가 되기 위해서는 여러 가지 자세가 필요하다고 합니다.

"힘든 일도 마다하지 않고 즐길 수 있는 마음가짐, 그에 걸맞은 체력, 환자를 생각하는 마음, 동료들과 서로 돕고 이해하는 마음, 새로운 분야에 대한 도전 정신, 연구하는 자세가 필요하다고 생각합니다."

정리해 보면 머리보다는 마음가짐 혹은 태도가 직업 성공에 더 중요하다고 할 수 있겠습니다. 이것은 의사에만 해당되는 것이 아니라 거의 모든 직종에 해당된다고 생각됩니다.

마지막으로 독서가 직업적 성공에 도움이 되는가를 물었습니다. 직업을 위해 우리가 준비해야 할 것은 참으로 많을 것입니다. 무엇을 이렇게 준비해야 하는가는 2권에서 구체적으로 알아보겠습니다만, 그 전에 모든 직종에 공통적으로 필요한 것으로 생각되는 독서가 실제도 그런지 들어 보고 싶었습니다. 거의 모든 분이 독서가 직업적 성공에 꼭 필요하다고 답했습니다. 먼저 변호사의 답입니다.

"대단히 중요하다고 생각합니다. 특히 변호사는 사회 현상에 대한 깊이 있는 통찰과 체계적인 인문적 지식을 요구하는 직업입니다. 물론 그런 요건을 갖추지 못하고 있더라도 그럭저럭 일을 해 나가는 데는 큰 지장이 없지만, 저로서는 어릴 때부터 체계적인 독서를 하지 못했고 커서도 제 자신을 그렇게 훈련시키지 못한 것에 대해 큰 아쉬움을 가지고 있습니다."

카페를 경영하는 배종광 씨도 독서에서 많은 도움을 받았다고 합니다.

"물론입니다. 창업을 준비할 때 커피에 관련된 수많은 책들이 저에게 직접적인 도움을 주었으며, 그 외에도 처세술이나 사람을 응대하는 것에 관련된 책들, 소설이나 만화책에서도 직간접적으로 도움을 받았다고 생각합니다."

직장 생활을 하는 한경식 씨도 독서가 가장 중요하다고 말합니다.

"직장 생활의 연수가 쌓여 갈수록 자신을 일깨워 주는 일이 점점 적어집니다. 다시 말해 자신에게 자극을 줄 만한 일이 없어진다는 것이겠지요. 물론 자신에게 이것을 해 봐라, 저것을 해 봐라 알려 주는 사람도 없고요. 결국 책밖에 의지할 곳이 없습니다. 인터넷이 정보의 바다라는 말도 합니다만, 그래도 저는 결국 책밖에 없다고 생각합니다. 그것도 전자책이 아닌 종이책. 직업적 성공을 위해 독서만큼 중요한 것은 없다고 저는 요즘 누구에게나 자신 있게 얘기합니다.”

독서의 중요성은 아무리 강조해도 지나치지 않아 보이는군요. 그런데 직업에서 성공하려면 독서만으로는 되지 않습니다. 다른 것들도 많이 필요합니다. 2권에서는 직업을 위해 무엇을 준비해야 하는가를 살펴보겠습니다.

인터뷰에 응해 주신 분들께 깊이 감사드립니다. 진솔한 답에 놀라기도 했고 현장의 힘에 깨침을 얻기도 했습니다. 카페 주인인 배종광 씨는 자기 일에 대한 열정과 도전을 보여 주었고, 배성진 변호사는 한 달 업무 시간이 250시간에 달해 여가를 즐기기 어렵다는 현실을 알려 주었으며, 표명희 작가는 글만 써서 먹고사는 전업 작가가 되고 싶다는 희망을 담담히 들려주었고, 이름을 밝히지 말아 달라는 방송국 피디는 스트레스를 덜 받는 것이 피디의 자질이라고 말했습니다. 수련의로 일하는 박혜상 씨는 의사가 만만치 않은 직업임을 간결하지만 호소력 있게 알려 주었고, 노정혜 교수는 자신만의 관점의 중요성과 과학도에게 필요한 자질이 무엇인지 전해 주었고, 회사원 한경식 씨는 긴 답을 통해 진솔한 내면을 드러내 주었습니다. 인터뷰 내용을 모두 옮기지 못한 점 양해를 바랍니다. 다시 한번 감사드립니다.

직업에 관한 고찰 01

성적은 짧고 직업은 길다

초판 1쇄 발행 • 2009년 10월 25일
초판 31쇄 발행 • 2024년 6월 18일

지은이 • 탁석산
펴낸이 • 염종선
책임편집 • 이효진
펴낸곳 • (주)창비
등록 • 1986년 8월 5일 제85호
주소 • 10881 경기도 파주시 회동길 184
전화 • 031-955-3333
팩시밀리 • 영업 031-955-3399 편집 031-955-3400
홈페이지 • www.changbi.com
전자우편 • ya@changbi.com

ⓒ 탁석산 2009
ISBN 978-89-364-5804-1 03300
ISBN 978-89-364-5991-8 (전2권)